ブルーガイド
てくてく歩き **9**

上高地 乗鞍 高山

JN011580

目次 てくてく歩き —— 上高地・乗鞍・高山

Page **Contents**

 ## 上高地

 ## 松本

 ## 乗鞍

奥飛騨温泉郷

高山

旅の準備のアドバイス

てくちゃん

てくてく歩きシリーズの案内役を務めるシロアヒル。趣味は旅行。旅先でおいしいものを食べすぎてほぼ飛ぶことができなくなり、徒歩と公共交通機関を駆使して日本全国を気ままに旅している。

●宿泊施設の料金は、ホテルの場合は、Ⓢ(シングル)、Ⓦ(ダブル)、Ⓣ(ツイン)を利用したときの1人あたりの料金です。食事付きの旅館などの場合は、平日1室2名利用で1人あたりの最低料金を表示しています。いずれも税・サービス料込みの料金です。このほかに別途、温泉施設がある場合は、入湯税が必要になります。

●各種料金については、税込みのおとなの料金を載せています。

●店などの休みについては、原則として定休日を載せ、年末年始、お盆休みなどは省略してありますのでご注意ください。

●バス路線については、季節により便数が極端に減ることもありますので、事前にご確認ください。

●この本の各種データは2023年2月調査のものです。これらのデータは変動する可能性がありますので、ご承知おきください。

双六岳

95 千石園地―
▲抜戸岳

▲笠ヶ岳

94 新穂高ロープウェイ

89 新穂高温泉

錫杖岳▲

飛騨市

471

93 荒神乃湯―

89 栃尾温泉

93 新穂高の湯●

ひがくの湯
92

焼岳

89 新平湯温泉●

89 福地温泉●

92 石動の湯―

33 大正池

51 中の湯温泉

89 平湯温泉―

92 ひらゆの森

52 坂巻温泉

92 パノラマ大浴場

91 平湯大滝

93 平湯の湯

93 神の湯

奥飛騨温泉郷 88

白川郷
117

高山本線

高山市

高山駅

70 三本滝

高山 102

牛留

高山陣屋 110

7

高山朝市 111

上三之町 108

80 乗鞍山頂（畳平）

日下部民芸館 111

82 お花畑めぐり―

吉島家住宅 111

84 魔王岳

剣ヶ岳

高山祭屋台会館 107

84 富士見岳

飛騨民俗村・飛騨の里 112

84 大黒岳

158

岐阜県

361

N

1:297,000

0　　　　　10km

目的地さくいん地図

上高地を旅する前に、大まかなエリアと注目の観光スポットが
どこにあるのか、この地図で全体をつかんでおきましょう。

［上高地］
穂高連峰をはじめとする
3000ｍ級の山々が間近に
見える、山岳景勝地
P.16

［松本］
観光の中心は松本城。
古民家カフェや雑貨屋も多い、
新旧の文化入り混じる水の街
P.54

▲大天井岳

▲槍ヶ岳
▲中岳
南岳

▲常念岳

穂高駅

59 松本城
59 重要文化財旧開智学校
58 中町通り

▲北穂高岳　梓
　　　　　川
▲奥穂高岳
▲前穂高岳
▲蝶ヶ岳

豊科駅

安曇野
IC

穂高岳

篠ノ井線

河童橋 **34**
明神池 **36**
上高地ビジターセンター **35**
田代池 **33**
上高地温泉 **34**
霞沢岳

安曇野市

141
大糸線

松本 **54**
松本駅

長野県

松本IC

松本市

上高地 **16**

松本電鉄

長野自動車道

中央本線

沢渡 **19**
158

新島々駅
（新島々バスターミナル）
信州まつもと空港✈

松本IC

梓尻北IC

白骨温泉 **78**
番所大滝 **72**

山形村

湯けむり館 **73**　梓湖
いがやレクリエーションランド **72**
善五郎の滝 **73**

塩尻市
朝日村

塩尻駅　塩尻IC

乗鞍高原 **64**

の瀬園地 **73**

中央本線

19

16 ハイキングが楽しめるポイント

50 展望がおすすめの温泉

34 ぜひ訪れたいポイント

50 この本で紹介しているエリア・ポイント

目的地さくいん地図

[乗鞍]
乗鞍岳の東山麓に位置する
乗鞍高原を中心に
自然景観が楽しめるエリア
P.64

[奥飛騨温泉郷]
北アルプスを眺めながらの
贅沢な湯浴みを楽しめる
日本でも有数の露天風呂天国
P.88

[高山]
小京都と呼ばれる、
格子戸の美しい
古い街並みが魅力のエリア
P.102

北アルプスの雄姿に抱かれた
美しき風景

写真・文／山本直洋

河童橋・梓川・
穂高連峰

梓川の上に架かる河童橋は、上高地観光の目玉スポット。河童橋と梓川、穂高連峰の組み合わせは上高地の象徴ともいえる。店やホテルなども集まる賑やかなエリア。

大正池に立つ
カラマツ

葉が落ち、朽ち果てよ
うとも立ち続ける大正池
のカラマツ。生命力の強
さと自然の神秘。時間帯
によって見える風景が
違い、その時その時の感
動をもたらしてくれる。

北アルプスの山々に
囲まれた平らな谷間

3000ｍ級の山々が連なる北アルプスの谷間にあるのどかなハイキングコース。大自然の息吹によって形づくられた、この地ならではの景色を思う存分楽しもう。

ありのままの自然は
こんなにも美しい

　国の特別天然記念物に指定されている上高地では、美しい自然を残すため厳しい環境管理がされている。通年のマイカー規制もそのひとつで、最初は不便を感じた。しかし、一度足を踏み入れてみると、そんなことは気にもならなくなった。上高地のあまりにも美しい自然は、徹底した環境管理の賜物なのだ。

　川、森、山、空の色。自然の色はこんなにも鮮やかだったのか。逆に言うと、人間が汚しさえしなければ、これだけ美しい景色がいたるところに広がっていたのかと思うと、少しだけ悲しくもなった。

　夜、静まり返った暗闇の中で満天の星空を見上げていると、人間がまだ存在しなかった大昔の地球にタイムスリップしたような感覚に陥った。

山本直洋
（やまもと・なおひろ）
モーターパラグライダーによる空撮を中心に活動する写真家。「Earthscape」と題して、地球を感じる写真をテーマに作品を撮り続ける。TV・CM・映画等の空撮動画撮影も手がける。
http://www.naohphoto.com

ベストシーズンカレンダー

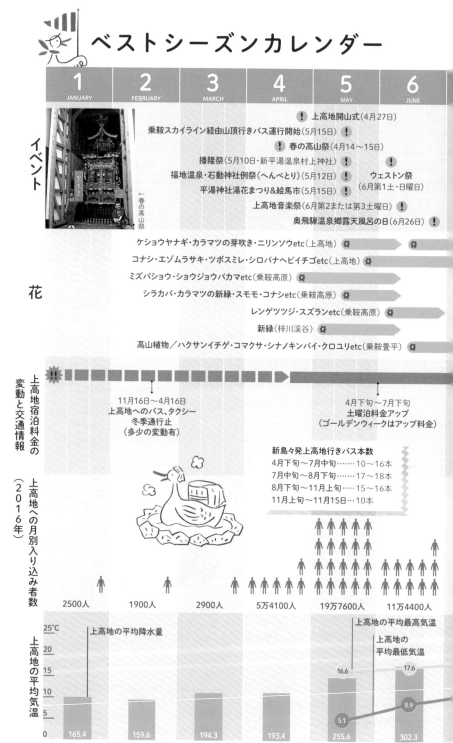

1 JANUARY	2 FEBRUARY	3 MARCH	4 APRIL	5 MAY	6 JUNE

イベント

❗ 上高地開山式（4月27日）

乗鞍スカイライン経由山頂行きバス運行開始（5月15日）❗

❗ 春の高山祭（4月14〜15日）

播隆祭（5月10日・新平湯温泉村上神社）❗

福地温泉・石動神社例祭（へんべとり）（5月12日）❗　ウェストン祭（6月第1土・日曜日）❗

平湯神社湯花まつり&絵馬市（5月15日）❗

上高地音楽祭（6月第2または第3土曜日）❗

奥飛騨温泉郷露天風呂の日（6月26日）❗

花

ケショウヤナギ・カラマツの芽吹き・ニリンソウetc（上高地）✿

コナシ・エゾムラサキ・ツボスミレ・シロバナヘビイチゴetc（上高地）✿

ミズバショウ・ショウジョウバカマetc（乗鞍高原）✿

シラカバ・カラマツの新緑・スモモ・コナシetc（乗鞍高原）✿

レンゲツツジ・スズランetc（乗鞍高原）✿

新緑（梓川渓谷）✿

高山植物／ハクサンイチゲ・コマクサ・シナノキンバイ・クロユリetc（乗鞍畳平）✿

上高地宿泊料金の変動と交通情報（2016年）

11月16日〜4月16日
上高地へのバス、タクシー
冬季通行止
（多少の変動有）

4月下旬〜7月下旬
土曜泊料金アップ
（ゴールデンウィークはアップ料金）

新島々発上高地行きバス本数
4月下旬〜7月中旬……10〜16本
7月中旬〜8月下旬……17〜18本
8月下旬〜11月上旬……15〜16本
11月上旬〜11月15日…10本

上高地への月別入り込み者数

2500人	1900人	2900人	5万4100人	19万7600人	11万4400人

上高地の平均気温

25℃
20
15
10
5
0

上高地の平均降水量

上高地の平均最高気温

上高地の平均最低気温

165.4	159.6	194.3	193.4	255.6	302.3

16.6（5月）　17.6（6月）
5.1（5月）　8.9（6月）

※イベント等の開催月日は変更になる場合があるので各HPなどで事前にご確認ください。

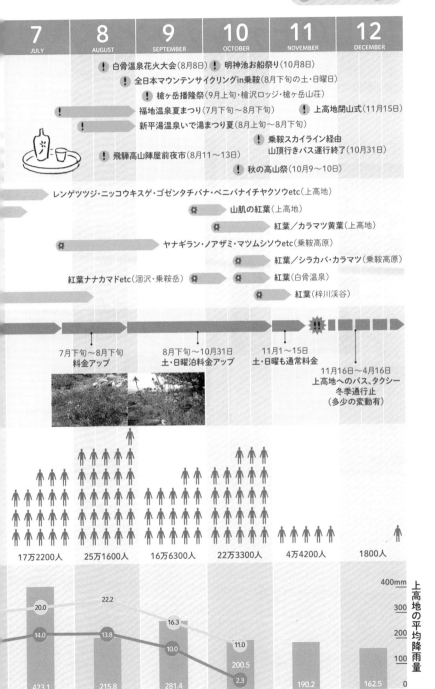

7 JULY	8 AUGUST	9 SEPTEMBER	10 OCTOBER	11 NOVEMBER	12 DECEMBER

! 白骨温泉花火大会(8月8日)　! 明神池お船祭り(10月8日)

! 全日本マウンテンサイクリング in 乗鞍(8月下旬の土・日曜日)

! 槍ヶ岳播隆祭(9月上旬・槍沢ロッジ・槍ヶ岳山荘)

! 福地温泉夏まつり(7月下旬〜8月下旬)　! 上高地閉山式(11月15日)

! 新平湯温泉いで湯まつり夏(8月上旬〜8月下旬)

! 乗鞍スカイライン経由
山頂行きバス運行終了(10月31日)

! 飛騨高山陣屋前夜市(8月11〜13日)

! 秋の高山祭(10月9〜10日)

レンゲツツジ・ニッコウキスゲ・ゴゼンタチバナ・ベニバナイチヤクソウ etc(上高地)

❀ 山肌の紅葉(上高地)

❀ 紅葉／カラマツ黄葉(上高地)

❀ ヤナギラン・ノアザミ・マツムシソウ etc(乗鞍高原)

❀ 紅葉／シラカバ・カラマツ(乗鞍高原)

紅葉ナナカマド etc(涸沢・乗鞍岳) ❀　❀ 紅葉(白骨温泉)

❀ 紅葉(梓川渓谷)

7月下旬〜8月下旬
料金アップ

8月下旬〜10月31日
土・日曜泊料金アップ

11月1〜15日
土・日曜も通常料金

11月16日〜4月16日
上高地へのバス、タクシー
冬季通行止
(多少の変動有)

17万2200人　25万1600人　16万6300人　22万3300人　4万4200人　1800人

	20.0	22.2			400mm
14.0	13.8	16.3	11.0		300
		10.0	200.5		200
			2.3		100
423.1	215.8	281.4		190.2	162.5

上高地の平均降雨量

11

1泊2日のモデルプラン

豊かな大自然、山の秘湯、古い町並み…。
旅の魅力のすべてが詰まったこのエリアを満喫する、
上高地を起点とした1泊2日のモデルプランをご紹介。

1日目

11:00 電車・バスを乗り継ぎ大正池に到着。池越しの焼岳がお出迎え。

上高地バスターミナルに到着。レストランでランチタイム。

12:30

自然研究路をのんびり歩いて河童橋へ。

13:30

河童橋到着！穂高連峰がすごい！

上高地ビジターセンターで見て来た植物や動物のおさらい。

梓川沿いに立ち並ぶホテルのカフェでほっと一息。

14:30

このあとどうする？

山岳リゾートを満喫したい
↓
PLAN1

高原の自然にもっと触れたい
↓
PLAN2

山の秘湯でほっこりしたい
↓
PLAN3

古い町並みを歩いてみたい
↓
PLAN4

PLAN1
上高地ステイ

憧れの山岳リゾートホテルに泊まって上高地を満喫。
ガイドさんと自然散策をすれば前日と違う発見があるはず。

16:00

ホテルにチェックイン。客室でゆっくり過ごしたり宿の周りを散策したり。

2日目

午前中に行われるネイチャーガイドツアーに参加。

8:00

13:00

15:00

松本に到着。町歩きを楽しみながら松本城へ。

水の町・松本はコーヒーが美味

PLAN2
乗鞍高原へ

温泉も自然も楽しみたい、そんな旅なら乗鞍高原。
水と緑をめぐるウォーキングの後は白い濁り湯へ。

乗鞍高原の宿に到着。素朴なもてなしでほっこり。

17:00

2日目

9:00

乗鞍観光センターに荷物を預けて、高原散策。

12:30

乗鞍高原名物・そばでランチ。食後はソフトクリームも。

11:30

立ち寄り湯でひと風呂

13

PLAN3
奥飛騨温泉郷へ

北アルプスの山懐に抱かれた秘湯・奥飛騨温泉郷。
雄大な山の景色を野趣満点の露天風呂から眺めたい。

2日目

17:00
奥飛騨温泉郷の宿で良質の温泉を堪能。

8:00
朝の散策。露天風呂に入ったり朝市をのぞいたり。

14:00
ひらゆの森へ。食事処でお昼の後は、帰りのバスの時間まで露天風呂めぐり。

ヤッホー！

10:00
新穂高ロープウェイへ。天気がよければ山頂駅から千石園地を散策して。

PLAN4
飛騨高山へ

風情あふれる飛騨の小京都・高山。江戸時代から続く古い町並みを
散策、そして名物の飛騨牛や朴葉味噌などご当地グルメも楽しみ。

17:00
高山に到着。町家造りの宿でのんびり。

2日目

7:00
地元のおかあさんたちと触れあえる朝市。

10:00
チェックアウト後、古い町並みへ。一息つくなら町家造りのカフェで。

お楽しみ、飛騨牛ランチ！

12:00

14:00
伝統工芸の店で実演を見ておみやげ選び。

上高地

上高地

日本アルプスに囲まれた
日本を代表する山岳リゾート

　標高1500mの地にあり、北には日本第3の高峰・奥穂高岳（3190m）をはじめとする穂高連峰が高々とそびえ、後ろには今も噴煙を上げる焼岳、近くは六百山や霞沢岳などがある。

　田代池や明神池など、自然の庭園をちりばめた上高地の平は、樹林と草原に覆われて、花と鳥が彩りを添える。残雪の中にケショウヤナギが芽吹く春から、深緑に可憐な花々が咲く夏、新雪の白、紅葉の赤と黄、針葉樹の緑と、山が五段染めの彩りを見せる秋まで、季節のうつろいにも上高地ならではの鮮やかさがある。

HINT

上高地への行き方

東京方面から

　新宿から中央本線の特急や高速バスで松本へ（p.54参照）。松本電鉄、さらにバスに乗り継ぐ。松本駅で松本電鉄に乗り換える際、上高地への電車・バス乗り継ぎ切符を購入するとお得（p.56参照）。

　4月下旬〜10月下旬には、新宿発上高地行きの直行バス「さわやか信州号」の運行が、夜1便（所要6時間55分）、朝1便（所要4時間47分）ある。往路は♀大正池、♀帝国ホテル前にも停車する。帰りは2便、いずれも午後に上高地を出発して夜には新宿に到着する。予約はウェブか旅行代理店の店舗で。

エリアの魅力

山の展望
★★★★★
ハイキング
★★★
温泉
★★★
花（5〜8月）
★★★★

便利なきっぷ

●上高地ゆうゆうきっぷ
→p.124
●信州・飛騨アルプスワイドフリーパスポート、上高地・乗鞍2デーフリーパスポート→p.125

観光の問い合わせ

アルプス観光協会
📞0263-94-2221
上高地インフォメーションセンター
📞0263-95-2433

交通の問い合わせ

アルピコ交通
（高速バス予約センター）
📞0570-550-373
（松本バスターミナル）
📞0263-32-0910
（新島々営業所）
📞0263-92-2511
阪急バス予約センター
📞0570-089-006
名鉄高速バス予約センター
📞052-582-0489
濃飛バス予約センター
📞0577-32-1688
平湯バスターミナル
（アルプス街道平湯）
📞0578-89-2611
ハイウェイバスドットコム
https://www.highway
bus.com

大阪・名古屋方面から

高山（p.102参照）を経由して、濃飛バスを平湯温泉で乗り継ぐ。また、大阪・京都〜上高地間に、4月下旬〜10月下旬に直行バス「さわやか信州号」が運行される。また、名古屋からは7月中旬〜10月中旬の週末に名鉄から直行バスが運行される。いずれも予約制。

〈玄関口の松本・高山から上高地へ〉

新島々からのバスは1日10〜18便。4月下旬〜11月中旬の間運行

松本｜松本電鉄で30〜34分｜新島々｜アルピコバスで1時間5分｜2710円｜上高地

4月下旬〜11月中旬の間運行。5:30と10:15発の2便

松本｜直行バスで1時間35分｜2570円｜上高地

平湯温泉からは30分おき、4月中旬〜11月中旬の間運行

高山｜濃飛バスで1時間｜平湯温泉｜濃飛バス・アルピコ交通で25分｜計2980円｜上高地

※松本―新島々―上高地で、乗り継ぎきっぷを使わない場合、計2650円。
※濃飛バスの高山―平湯―上高地乗り継ぎきっぷは2650円。

乗換のヒント
松本…p.56
平湯…p.90

松本電鉄上高地線

上高地バスターミナル

タクシー

上高地タクシー運営協議会
共同配車センター
☎0263-95-2350
沢渡共同配車センター
☎0263-93-3336
宝タクシー
☎0578-89-2631
アルピコタクシー
☎0263-93-2700（沢渡）

上高地

💡 HINT

エリア内各方面からのバス運賃とタクシー料金

各方面からのバス、タクシーの料金は下図参照。タクシーは、同じ方面へ行く客同士で乗合もできるので、それぞれの乗り場付近で確認してみよう。グループならば、往復の交通プラス観光もセットになったワゴンタクシーもある。バスは、11月に入るとほとんどの路線で減便されるので注意。

エリア内各方面からのバス運賃とタクシー料金

平湯温泉	乗鞍高原	白骨温泉	沢渡
●タクシー　5000円 ●バス　1180円 （往復は割引・2090円）	●タクシー　1万2000円 ●バス　1750円	●タクシー　7200円 ●バス　1500円	●タクシー　4600円 ●バス　1300円 （往復は割引・2400円）
バスは平湯BT発6時30分（夏期は5時）頃から、上高地発17時（夏期は18時）頃まで30分おきの運行。タクシーは平湯温泉BT付近に常駐。	バスは上高地行きが1日4〜8便、乗鞍高原行きが7〜10便運行。直通便は1便。あとはすべて乗り継ぎ便。タクシーの営業所がないので、要事前予約。	バスは上高地行きが1日1〜3便（直通1便）、白骨温泉行きが3〜4便（直通1便）運行（p.78参照）。白骨温泉にタクシーの営業所がある。	バスは10〜30分おきの運行。タクシーは沢渡バス停付近に常駐。

上高地

はじめの一歩のすすめ方

●上高地に着いたら

〈便利な施設が揃うバスターミナル〉　広い駐車場の前には、バスの乗車券発売所や旅館組合案内所、手荷物預かり所、食堂、売店などが入っている上高地観光センターをはじめ、上高地の現況がわかる情報コーナー、休憩フロアのある上高地インフォメーションセンター、診療所、郵便局、給水所などが揃っている。散策前の身支度や一息入れるのに利用できる。

〈着いたらすぐに帰りの乗車整理券を入手する〉　上高地BTから新島々、白骨温泉、乗鞍高原、平湯温泉へ行くバスは、BTで配布する乗車整理券が必要。大正池バス停などから歩く場合も、BTに到着したら、すぐに帰りの乗車整理券を入手しよう。なお、上高地から沢渡間のシャトルバス利用の場合は、整理券は不要。

　乗車整理券は、バス切符売り場で利用日と乗車時間を告げて手に入れる。整理券は、当日または翌々日分までの発券となり、1人につき1枚の配布となる。乗車時に整理券の番号順に乗車して好きな席に座る仕組み。なお、番号を呼ばれた時にいない場合は飛ばされ、最後尾に回されるので、発車10分前には集合したい。

上高地 BT（バスターミナル）

　上高地へ向かう観光客は、大正池や帝国ホテル前バス停で下車する人を除いて、ほとんどの人が終点の上高地BT（バスターミナル）で下車し、ここが上高地の一歩となる。誰もがめざす憧れの河童橋は、歩いて5分という近さだ。

上高地 BT とその周辺

●BT付近のカラマツ林
このカラマツは、大正初期に植えられたもの。秋の黄金に輝く黄葉に、散策路が敷き詰められる光景は見事である。

●東京医科大学
　　上高地診療所
上高地インフォメーションセンターから駐車場を隔てて建つ。けがや急病の時に診てもらえ、保険診療が受けられる。

●上高地インフォメーションセンター
散策前に上高地の現況をここで知ろう。上高地の案内所をはじめ、休憩所、2Fホールなどを設けており、環境省上高地自然保護官事務所や県警の派出所も入っている。

●チップ制のトイレ
上高地インフォメーションセンターの隣りにある男女別のトイレは、清掃が行き届いていて清潔。利用の際、100円程度の小銭をチップ箱に投入する。

HINT

上高地からの帰り方

●大正池・上高地帝国
ホテルからは
タクシーも

上高地帝国ホテル、大正池ホテルから帰る場合、電話で上高地BTからタクシーを呼ぶのも手。料金はp.17参照だが、料金の差と、一度BTまで戻って並ぶ手間を考えて選ぼう。

〈整理券が必要なバスは早めに乗り場へ〉

座席指定ではなく、整理券の番号順に乗車して好きな席に座る仕組み。補助席を避けるためにも、整理券の入手は早めに。番号を呼ばれたときにいない場合はとばされ、最後尾に回される。グループの場合、全員そろっていないと乗車できないこともあるので、出発10分前にはBTに集合したい。

〈大正池・帝国ホテルからはバスに乗れないことも〉

バスは上高地BTですでに満席だと、途中の帝国ホテル前、大正池バス停は通過する場合もある。帰りは必ず上高地BTから乗車するように予定を立てよう。

〈新島々・松本の乗り継ぎは余裕を持って〉

夏の混雑期の帰りは、国道158号線の渋滞の影響でバスが遅れ、新島々や松本で予定の電車に乗り遅れる場合がある。松本からの特急の指定席は、最低でも松本で1時間程度の余裕を見ておいたほうが無難だ。

TEKU TEKU COLUMN

上高地のマイカー・観光バス規制

上高地の貴重な自然の保護と渋滞緩和を目的に、中の湯から先で通年実施されているマイカー規制。7月～10月の週末や夏休み、連休などは観光バスの乗り入れ規制も実施されている。

さわんど温泉は梓川沿いに温泉宿が点在する

●沢渡の駐車場

約2kmの範囲に、合計約2000台分の大小いくつもの駐車場が点在。駐車料金は1日700円（並通車）と統一されていて、各駐車場の近くにはバス停がある。松本方面から来ると、沢渡大橋付近から満車になる。収容台数の多い市営の第2、第3駐車場あたりが比較的駐車しやすい。

●沢渡の駐車場

名称	台数	バス停
さわんど大橋	65台	沢渡大橋
ひぐち橋	30台	沢渡大橋
梓第1	200台	沢渡大橋
市営第1（いっぷく平）	150台	沢渡大橋
梓第2	100台	沢渡
アルピコタクシー沢渡（営）	20台	沢渡
市営第2（足湯公園）	550台	沢渡
市営第3	500台	沢渡
池尻	70台	沢渡
アルピコ交通さわんど車庫前	30台	沢渡上
市営第4（岩見平）	150台	岩見平
茶嵐	110台	茶嵐

●さわんど温泉立ち寄り湯リスト

梓湖畔の湯 ♪0263-93-2380
4月下旬～10月末日　10:00～19:30　無休　730円
ホテル杣乃家 ♪0263-93-3313
6:00～16:00　無休　730円
ともしび ♪0263-93-2338
24時間　無休　300円
お食事処しもまき ♪0263-93-2500
9:00～18:00　不定休　600円
上高地ホテル ♪0263-93-2910
12:00～15:00　不定休　650円

上高地

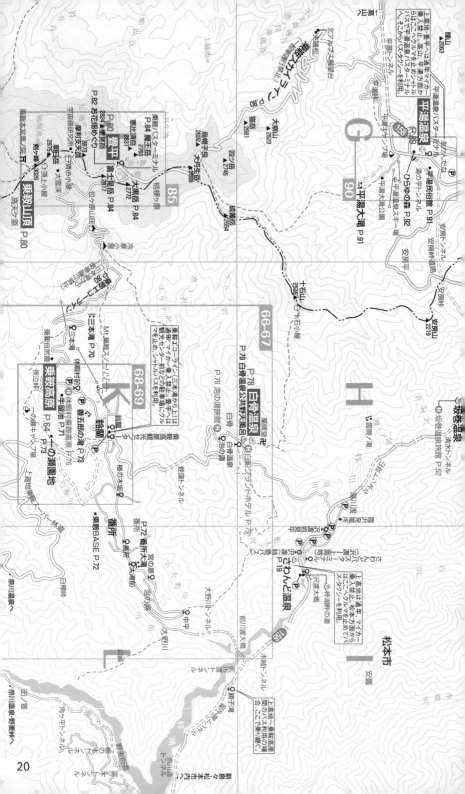

乗鞍山頂 P.80
高天ヶ原

畳平 P.80
大黒岳 P.84
富士見岳 P.84

85

90

平湯温泉

C

G

H

I

松本市

66-67
白骨温泉

68-69
乗鞍高原
K

L

20

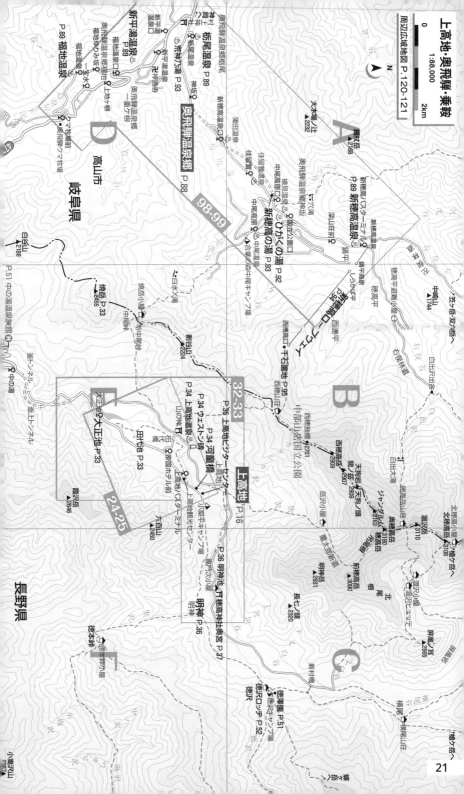

ザイテングラ
奥穂高岳
ジャンダルム
笠ヶ岳
樅沢岳
西穂高岳
焼岳
新穂高温泉
新中尾峠
岳沢
田代橋
河童橋
上高地バスターミナル
霞沢岳
大正池

空から眺めた
上高地とその周辺

高岳
比穂高岳
南岳
中岳
槍ヶ岳
大キレット
北鎌尾根
表銀座
大天井岳
常念岳
立山連峰
明神岳
屏風ノ頭
蝶ヶ岳
長堀山
横尾
明神池
徳沢
梓川
徳本峠

©HEINZ VIELKIND, Studio Vielkind, Innsbruck, Austria

　空から上高地を眺めてみると、雄大な山々に囲まれた中に、ぽっかりと開けた盆地状の広い谷であるということがよくわかる。この写真とも見間違うような精巧な絵画は、オーストリアのベラン・フィールキント工房によって制作された。

　周囲を囲む峻険な山とは対照的に、上高地の大正池から上流横尾までの約10kmの区間の標高差は100mしかない。気持ちよく大自然を散策できるところが上高地の魅力のひとつだろう。「山岳リゾート」と呼ばれるのもこういったことが理由だ。

　しかし、この絵を見てもわかるように、上高地最大の魅力は、この場所にしかない環境が創り出す多くの「景観」だ。奇跡の絶景と言える場所がここにはあるのだ。

パノラマ図提供・（一財）自然公園財団

23

P.50 上高地温泉ホテル

●ビューポイント&休憩スポット
上高地温泉から見る
梓川と霞沢岳
左右に横切る梓川の上方に、霞沢岳の岩峰がそびえる。

●ビューポイント&休憩スポット
田代橋より梓川上流・下流を眺める
田代橋は梓川に明神岳と岳沢、穂高連峰を見る。下流は梓川の流れが狭まった急流になっている。

梓川

林道

治山道 林道 1500

ニッコウキスゲ（夏）
沢沿いの道、湿地に世ヤマの中を行く木道あり

焼岳登山口の看板

上高地自然研究路の入口

砂利道のゆるやかなアップダウン

〈凡例〉
…… ＝本書で紹介しているコース
＝登山道、その他のコース
※登山用の装備が必要
＝遊歩道のよいポイント
＝沿道に花が見られるポイント
＝沿道に木が多いポイント
＝宿泊施設にある飲食施設
中＝道標・案内板　Ｇ＝飲食施設
Ｈ＝宿泊施設　Ｓ＝物販施設
Ｐ＝駐車場　Ｂ＝ベンチ・休憩施設
ＷＣ＝トイレ

上高地ビジターセンター

湿地を行く木道と小川のくねくした小さな池が点在する

ニッコウキスゲ（夏）

シラビソの林
モミやシラカバの遊歩道は世に囲まれる

田代橋（梓川コース）
←田代橋（林間コース）

樹林の切れ間で穂高連峰が解説

ニッコウキスゲ
イチョウバイカモ（夏）

田代池 P.33

カラマツや紅葉樹の林

セルフガイドボックス
［上高地散策ガイド］
など3種販売。各100円

上高地の鳥類の解説

ニッコウキスゲ
カラマツの小さな林

池畔の高辺は砂利が広がる

田代方面から上高地自然研究路分岐を見る

大正池の北畔からも、湖面に立ち枯れの木が林立する様子が見られる

大正池 P.33
P.48 レストランレイクビューへ

●ビューポイント
大正池越しに穂高岳を望む
焼岳は北アルプス唯一の活火山で、山頂からわずかながら煙が立っているのが見えることもある。山肌は浴谷流の溝と山腹の緑が対照的。

池畔を歩く、大正池と穂高連峰の眺めがよい

沢渡・新島々へ

新中尾峠小屋へ

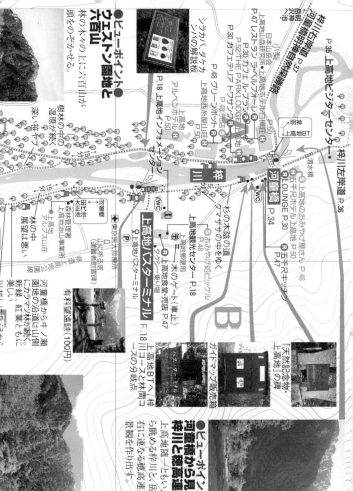

大正池～河童橋

周辺広域地図 P.32-33

1:10,400
0　　100m　　200m

N

J徒歩4分

●ビューポイント
六百山
林の木々その上に六百山が頭をのぞかせる。

●ビューポイント
ウェストン園地と
P.34 ウェストン園地
P.34 ウェストン碑
(WC)
P.47 ロビーラウンジ🅖
庄司屋🅗

WC
P.35 上高地ビジターセンター
河童橋横河川敷 P.37
京都
沢神
沢池

P.35 上高地ビジターセンター
日本山岳会
P.41 高山植物研究所・上高地地方事務所
P.30 カフェ ルヴラン🅘
P.52 THE PARK LODGE
P.30 レストラン ラベンデュフォレスト🅙
ジラカバ、ダケカンバ、シナノキの解説板。

P.48 グリーンポット🅐
上高地市街図(山並)
アルペンホテル P.50
上高地インフォメーションセンター

梓川右岸道 P.36

P.37 泡雪橋
明神
上高地BT

杉の木陰の道
グマザサの中をゆく

(WC)
河童橋
P.34

梓川

🅑上高地のおみやげ店屋さん P.48
🅛LOUNGE P.30
🅡五千尺キッチン🅡
P.47

東京医科大学診療所
山岳における医療応急措置(遭難者等向け)

森林管理署
アルプス山荘
上高地治山事業所
(大正池)

河童橋
田代池

河童橋
田代池

カラマツ林の中の体感ポイント。川越しに穂高連峰を望む。
エゾムラサキ、ヤナギラン

一木のゲート(車止)
上高地観光センター P.18
タクシー乗り場

上高地バスターミナル
上高地BTへ。梓
F.18川コースと林間コース
一木の分岐点。

ガイドマップ販売所

〈天然記念物〉
上高地の碑

河童橋から千ノ瀬
(大正池側)は山側。
新緑、紅葉ともに美しい。

有料望遠鏡(100円)

●ビューポイント&休憩スポット
河童橋から見る梓川と穂高連峰
上高地随一といえる景勝地。橋の上から眺める梓川と岳沢の広い谷の奥に、右に連なる穂高連峰と明神岳が、絶妙の景観を作り出す。

●ビューポイント
田代池
マガモやセグロセキレイが泳ぐ湖面の奥にはカラマツの森。そして岩肌の威容を見せる霞沢岳の霊沢。そのそびえ立つ姿......

●ビューポイント
田代湿原と穂高連峰
足元に広がる湿原と、中原の森林、その向こうには残雪を抱く穂高の峰々が連なり、絶妙の風景を構成......

25

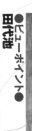

大正池〜河童橋
ゆる〜り歩き

案内人の視点に注目して歩けば、美しい上高地の自然の背景をより深く知ることができる。説明に耳を傾けながら、大自然の空気の中をゆっくり歩いてみよう。

上高地ナショナルパークガイド
山部茜（ガイドネーム・さくら）さん

上高地ガイド歴10余年。生まれも育ちも東京だが、縁あって上高地へ。観光客の素朴な疑問にも、わかりやすい図などを使いながら、ていねいかつ的確に応えてくれます。

見えた

point!

「現役の火山・焼岳からは、日によって変化する水蒸気の噴出の様子を見ることができます。大正池は、流れてくる石や流木で埋められ、年々小さくなっているんです」

green season

（上）バス停を降りてすぐ、右手には大正池から穂高連峰が望める（中央）焼岳の頂上から出る水蒸気が見られる（下）上高地歩きの5カ条〜採らない、与えない、持ち込まない、捨てない、踏み込まない。

上高地

古い枯れ木の
ほとんどがカラマツ!?

「上高地の古い枯れ木のほとんどが、カラマツです。枯れても倒れない生命力の強さがその秘密です。大正池から突き出ているのは、この辺り一帯が昔カラマツ林で、その上に大正池ができたから。でもそろそろ倒れる時、つまり寿命ですね。枯れているのに寿命というのも変な話なんですけどね」

「これは、信濃笹。9枚の葉がついているので別名九枚笹（クマイササ）とも。9枚ないことの方が多いんですけど…笹は洪水があるところには生えないので、ここには水がこないということもわかるんです」

はじまりは大正池

　朝10時に大正池バス停に集合。まずは、上高地を歩く上での5つのルールの説明からです。上高地の美しい自然を守るには、そこに足を踏み入れた人たちのマナーやモラルが不可欠なのです。

　川岸に降りてすぐ目に飛び込んでくるのは、焼岳と大正池。「大正4年に焼岳が噴火し、その時にできた池だから"大正池"。現役の火山である焼岳からは、水蒸気が見えたりする日もあります」とさくらさん。この日

は水蒸気が確認できました。

　焼岳の存在を背に感じながら、林の中の整備された道・自然研究路を歩きます。10分くらい歩くと、視界が開ける池畔に出ます。枯れたカラマツが大正池から突き出るようにして立つ、上高地の中でも有数の景観スポットです。

　大正池を後にし、カラマツや針葉樹の林を進みます。「笹は洪水に弱いので、笹があるところは逆に、水がこない証です」「木は上へ上へ伸びていこうとするので、栄養を

point!

「奥穂高岳、前穂高岳などの山が連なり、穂高連峰ができています。中でも標高3190mの奥穂高岳は日本で3番目に高い山であり、多くの登山者が登っています」

green season

水が本当にキレイ！

（左）ところどころ梓川の川岸へ降りることができる（右上）対岸のカラマツの黄葉が美しい（右下）わかりやすい図で説明してくれるさくらさん

道中で見られたキノコ、花、木の実など

ツリガネダケ
「枯れ木専門のキノコなので枯れた木にしか生えません。すごく固いです。よく見ると年輪がある面白いキノコです」

真弓（マユミ）
「昔、木の枝が弓矢の材料に使われていたことからこの名前が付いています」

カラマツのマツボックリ
「マツボックリと言えばもう少し大きいイメージでしょうが、カラマツはこれ以上大きくならないんです」

ツリガネダケ

マユミ

カラマツ

上に集めています。下の方の枝が枯れていたり、折れていたりするのは、そのためなんです」―自然の何気ない景色には、それぞれに明確な理由があるのだ―ところどころで足を止めて説明してくれるさくらさんの言葉に、一同は感心しきり。

穂高連峰を眺めながら

林を抜けると穂高連峰をバックにした田代湿原が姿を現します。歩いて1分ほどのところには、水草の生い茂る田代池があり

ます。

田代湿原を右手に歩を進めると、道が二手に分かれていて、向かって左の梓川コースを歩きます。道の途中では、梓川沿いに降りたりもできます。

道を抜け、田代橋近くのベンチで小休憩。見上げるとかわいらしい赤い実をつけたマユミの木が。「湯元真弓や関東真弓ともいいます。人の名前みたいですね」

橋を渡り、梓川コースの右岸側のコース

28

別名
裏山！

砕けやすい

道中で出合った動物たち

「鳥の世界では、恋の季節にオスがオシャレします。キツネなど敵に見つかりやすくなるので、繁殖期以外は地味な色に。サルは一頭いたら、近くにはかなりの数がいます。年々図々しさが増しているので、注意が必要。冬は人がいなくなり、動物たちは野性に戻ります。だから、極端に人慣れはしないのです」

マガモ（オス）

サル

（上）穂高の陰に隠れて「裏山」などと呼ばれている六百山（左）上高地を世界に広めたキリスト教の宣教師・ウェストンの記念碑（右）ダケカンバ。標高1500mより上にダケカンバ、それより下にシラカバが分布（下）花崗岩。上流に近づくにつれ、割合は増える

point!

「橋がなかった時代、人々は素足で梓川を渡っていました。服が濡れないように頭の上に載せていた姿が河童に見えたことからこの橋の名がついたといわれています。材料は上高地を代表する木、カラマツです」

green season

へ。上高地温泉に六百山、ウェストンのレリーフやマツボックリのビュースポットもあります。

梓川沿いに歩を進めると、ヤナギの木が目立つようになってきます。「ヤナギは洪水などの多い暴れ川の中州などに生えていることが多いのです」また、梓川の方に目をやると、なんとなく川岸がこれまでより白いような。これは上流に行くほど花崗岩（かこうがん）の割合が増えていくからなんだそうです。

上高地名物・河童橋

そして、ゴール地点の河童橋。ひと際にぎわいをみせるこの橋は、丈夫なカラマツでできています。上高地の象徴ともいえる橋を渡りきったところでガイドは終了です。

約3時間の散策は発見の連続です。ここで歩いた道のほかにも、魅力的なコースはまだまだあります。季節によって見られるものも変わります。今日の上高地は、どんな表情を見せてくれるのでしょうか。

お立寄りスイーツ案内

上高地とっておき!

レア・チーズケーキ
780 円
酸味を抑えたクリームチーズとブルーベリーソースの相性は抜群。

こだわり抜いたスイーツとコーヒー

五千尺ホテル上高地
スイーツカフェ＆バー「LOUNGE」

試作、試食の繰り返しの中で選び抜かれた、店頭に並ぶケーキは選ぶのに迷う逸品揃い。地下30mからくみ上げている水で淹れるコーヒーの味も格別だ。セットでいただこう。

📞 0800-800-5125
📍 地図 p.25-A、p.31
🕘 9:30〜16:00LO

信州産ふじりんごのアップルパイ
880 円
信州産ふじりんごを使ったアップルパイ。ほどよい酸味とりんごの食感、甘みを存分に味わえる。

信州産クイーンルージュのショートケーキ
1380 円
クイーンルージュは、シャインマスカットとユニコーンを交配して育成された新品種。シャインマスカットと同等の糖度で皮ごと食べられる。

自慢の"ジャンボ・モンブラン"

上高地ホテル白樺荘
カフェ ル・ブラン

ジャンボ・モンブラン
1850 円
生クリームがぎっしり詰まったモンブランは、2〜3人で食べるのに最適。

📞 0263-95-2131
📍 地図 p.25-A、p.31
🕘 11:00〜14:30

手ごろに頂くカジュアル・スイーツ

THE PARKLODGE上高地
カフェテリア トワサンク

信州完熟りんごのパイ
500 円
みずみずしいりんごをサクサクッとしたパイ生地で。

白銀のフロマージュ
480 円
しっかりとコクのあるベイクドチーズケーキ。

📞 0263-95-2221
📍 地図 p.25-A、p.31
🕘 8:30〜16:00

今回歩いたコース

六百山のビュースポット

上高地ホテル白樺荘
（■カフェル・ブラン）

THE PARKLODGE上高地
（■カフェテリア トワサンク）

上高地ビジターセンター

五千尺ホテル上高地
（■LOUNGE）

河童橋

GOAL

ウェストン碑

ウェストン園地

上高地バスターミナル

中ノ瀬園地

田代橋

上高地帝国ホテル

梓川

自然研究路

田代湿原越しに穂高連峰を望む

枯れたカラマツが大正池に突き立つ

田代湿原

大正池越しに焼岳を望む

大正池

大正池バス停

START

上高地を現地のガイドさんと歩こう！

上高地ネイチャーガイド FIVESENSE

（五千尺ホテル上高地内）

📞080-8808-5466

「ゆっくりゆったりペース」を基本に、10種類以上の豊富なガイドメニューが用意されている。自分の興味、体力に合ったメニューが選べ、若いガイドさんが親切・丁寧に案内してくれる。全てのコースで1名から利用可。ガイド希望日の5日前までの完全予約制。詳細は問い合わせを。料金3000円〜。

ホテル白樺荘 ネイチャーガイド

（ホテル白樺荘内）

📞0263-95-2131

上高地に精通したプロガイドたちが、各コースの植物・野鳥・山岳・歴史など自然の見所を説明してくれる。60分上高地ネイチャーガイドは上高地の見所を河童橋を中心に案内する。4月〜11月の毎日、1日4回催行。その他、上高地早朝ガイドや星空ツアー＆ナイトウォーク、明神池ネイチャートレイル、大正池ネイチャートレイルなどコースは多彩。

上高地ビジターセンター ガイドウォーク

📞0263-95-2606

上高地ビジターセンターのスタッフがガイドを務めるので、最新の話を聞くことができる。教材を使用した説明はわかりやすい。大正池コース（月・水・金曜9:00〜、所要約2時間）、明神池コース（火・木・土・日曜9:00〜、所要約2時間）で、5月3日〜11月4日の悪天候時以外は毎日実施、料金500円。

大正池〜明神

1:21,000
0　　　　500m

周辺広域地図 P.21

N

↑西穂山荘・西穂高岳への登山道

↑中尾根

岳沢入口の標示板
下岳沢橋　岳沢登
木道
清水温泉

六百山の岩場が正面
6月はレンゲツツジがあたりに咲く

樹林の中　　10分

小梨平キャンプ
小梨平 P.35

カラマツ林の中のキャンプ場
対岸のケショウヤナギが美しい

上高地
P.35 上高地ビジターセンター
P.50 上高地ホテル白樺荘
P.52 THE PARKLODGE上高地
P.50 五千尺ホテル
3分　清水橋
P.50 上高地西糸屋山荘
P.50 上高地アルペンホテル

河童橋
WC P.34

P.34 上高地温泉
P.51 上高地ルミエスタホテル
P.50 上高地温泉ホテル

P.34 ウェストン碑
ウェストン園地 P.34
WC
ウェストン園地 P.34

24-25

山の神
西穂登山口
穂高橋
田代橋
WC
中ノ瀬園地 P.34

上高地アルプス山荘
20分

15分
上高地
バスターミナル

上高地
バスターミナル
P.18

5分
WC

焼岳登山口の
看板

焼岳登山口

15分

15分

上高地自然研究路 P.34

H 上高地帝国ホテル P.51
帝国ホテル前

県道上高地公園線

上高地観光センター
P.18
ⓘ 上高地インフォメーシ
センター P.18
R 上高地食堂 P.47
S 売店 P.47
〒

P.33
田代池
3分

霞ヶ池

松本市
安曇

新中尾峠への登山道。最低鞍部まで登り3時間10分

焼岳への登山道。

20分

大正池
P.33

P.51 大正池ホテル H
WC 大正池

E

F

G

H

太兵衛平

梓川

中の湯トンネル

↓中の湯・沢渡・松本市内へ

〈凡例〉
・・・・・・＝本書で紹介しているコース
・・・・・・＝登山道、その他のコース
　　※登山用の装備が必要
☀＝展望のよいポイント
🌸＝沿道に花が見られるポイント
H＝宿泊施設　R＝飲食施設　S＝物販施設
WC＝トイレ

霞沢E
2646

から前穂高岳への登山道。登り2時間30分

岳沢の扇状地
森の中に沢が多くコケが美しい

梓川越しに焼岳の
眺めがよい

深傷瀬

梓川右岸道 P.37

35分

森のリゾート小梨 P.52

C

沢へ出たり森へ入ったりを
くり返す
ややアップダウンがある

治山林道

コメツガの林の中

45分

梓川左岸道 P.36

ハルニレ、ハンノキの樹林
明るい道

梓川の上流の展望が開ける
奥には蝶ヶ岳がそびえる

サンカヨウ

(有料)🚻WC

P.37 穂高神社奥宮

P.36 **明神池**

いろり食堂
どっこいしょ

明神橋越しに
明神岳の岩壁が
迫る

5分

旅荘 山のひだや
P.51

H

明神橋 P.36

P.48·52 嘉門次小屋

木道
ケショウヤナギの林

25分

明神池 P.36

ホンシャクナゲ6月

ニリンソウ6月

明神

10分

P.52
明神館

「穂高奥宮」の標

明神分岐

徳沢へ

徳本峠入口

自沢出合

徳本峠へ
登り2時間30分

土石流路
シラカンバ、
カラマツの林

🚻WC

明神 P.36

見る＆歩く

大正池と焼岳
たいしょういけとやけだけ

地図 p.24-L、p.21-E(焼岳)
🚏大正池下車すぐ

　バスが釜トンネルを抜けて上高地の平に入ると、まず最初に目を奪われるのが車窓左手の荒々しい焼岳の姿だ。この北アルプス唯一の活火山である焼岳の山裾に広がるのが大正池。1915(大正4)年6月、焼岳の大噴火による土石流が梓川の流れをせき止め、一夜にして誕生した池である。

　大正池バス停は大正池ホテルの前にあり、ホテル裏手はすぐ池となっている。目の前に焼岳が大きく立ちはだかり、右手には穂高連峰がそびえて水面にその影を映し、水中に立ち枯れた木々が風情を添える。

　湖岸づたいに自然研究路が田代池方面へ

延び、大自然を楽しみながら散策できるようになっている。

> **POINT**
> てくナビ／大正池から北へ自然研究路をたどると、中千丈沢の木橋を渡って、ケショウヤナギやハルニレ、カラマツなどの樹林の間を行く気分のよい道が続く。途中、森が開けて焼岳の展望が広がる。

田代池
たしろいけ

地図 p.24-H
🚏大正池から🚶20分

　六百山や霞沢岳などから湧き出る伏流水が造った小さな池。梓川左岸の明るく開けた草地に清らかな水をたたえ、背後には霞沢岳の岩峰がせまる。北には残雪をちりばめた穂高連峰がそびえ、上高地の展望ポイントのひとつ。田代湿原も、湿原越しに穂高連峰を望むビューポイントだ。

上高地温泉
かみこうちおんせん

地図 p.24-G、25-D
田代池から🚶25分

上高地温泉
ホテルと上高
地ルミエスタ
ホテル（旧上
高地清水屋ホ
テル）はともに老舗の宿で、この2軒が上高
地で温泉をもち、いずれも外来利用もでき
る。湯はラジウムを含む透明な単純温泉で、
どちらの宿にも露天風呂がある。

上高地温泉ホテル　☎0263-95-2311
🕐日帰り利用7:00〜9:00、12:30〜15:00
💰800円　＊入口に無料の足湯がある
上高地ルミエスタホテル　☎0263-95-2121
🕐日帰り利用11:00〜13:00　💰2200円

ウェストン碑とウェストン園地
うぇすとんひとうぇすとんえんち

地図 p.25-D
上高地温泉から🚶2分

上高地ルミエスタホテルのすぐ近く、梓
川に臨みウェストン園地が広がる。木立に
囲まれた山側の岩壁には、日本のアルプス
登山の開拓者、ウォルター・ウェストンの丸
いレリーフがはめ込まれている。

ウェストンは明治時代に来日した英国人
牧師で、日本近代登山の育ての親として知
られる。明治20年代（1890年前後）に、後に
上高地の主といわれた上条嘉門次の案内で、
多くの日本アルプスの山々に登り、帰国後、
英国で著書『日本アルプスの登山と探検』を

出版、世界に日本アルプスを紹介した。その
功績を讃えて、毎年6月第1土・日曜日には
このレリーフ前広場でウェストン祭が開催
される。

河童橋
かっぱばし

地図 p.25-A
♀上高地バスターミナルから🚶5分
ウェストン碑から🚶15分

梓川の清流にかかる木の吊り橋で、上高
地観光の中心。両岸にはホテル、食堂、みや
げ店などが並び、シーズン中は人が絶える
ことがない。この橋から仰ぐ西穂高岳、奥穂
高岳、吊尾根をへて前穂高岳へ連なる穂高
連峰は、美しくも豪快な岩壁に残雪の白を
散りばめて、文句なしにすばらしい。反対側
には噴煙を見せる焼岳の姿があり、近くに
は六百山の奇峰がそびえる。残雪、新緑、紅
葉、新雪など四季にわたって、日本でも最高
の山岳景観が楽しめるところである。

上高地自然研究路
かみこうちしぜんけんきゅうろ

地図 p.24-25
上高地BTまたは♀大正池から🚶すぐ

大正池と河童橋をつなぐ、梓川沿いに整
備された散策路。日本アルプスの大自然に
親しむことを目的とするなら、上高地バス
ターミナル周辺を歩くだけでは物足りな
い。大正池や田代池、ウェストン碑など、上
高地の代表的なポイントをたどるコース
は、自然を楽しみながら手軽に歩けるウォー
キングルートとして人気が高い。穂高連
峰はじめ周辺の山々の景色を楽しみながら

のんびり散策したい。

ほとんど平坦で道標も整備されているが、標高1500mの高地であることを考えれば防寒対策や雨具の用意などはしておきたい。帰りのバスに確実に座っていくことを考えると、大正池から上高地バスターミナルに向かって歩くのがおすすめ。

POINT てくナビ／ちょうど中間地点にある中ノ瀬園地は、ニリンソウの群落が見られる。林床を埋めつくす純白の可憐な花は上高地に春の訪れを感じさせる。

小梨平
こなしだいら

地図p.32-B
河童橋から徒歩3分

河童橋から左岸を上流へたどってすぐ、上高地ビジターセンター周辺を小梨平と呼ぶ。このあたりにコナシ（ズミ）の木が多かったことから名がついた平地だ。今はカラマツが周囲を覆い、青々とした下草が広がる。ここはキャンプ場となっていて、常設テントも張られている。現在は山岳リゾートをテントで楽しむキャンパーにも人気が高い。立派なケビン、バンガローも建てられ、別荘気分も味わえる。詳細は森のリゾート小梨(p.52)へ。

上高地ビジターセンター
かみこうちびじたーせんたー

地図p.25-A
河童橋から🚶3分

上高地と周辺の山々の自然に親しむために必要な情報を提供する、上高地の情報発信の中心施設。まず入口を入ると、上高地全体の精密なパノラマ画が目に飛び込んで来る。動植物や地形に関する展示がある自然情報コーナーや、パソコンから情報を得られる利用者ガイドライブラリーが分かりやすい。また、山岳写真と文芸作品を組み合わせたコラボレーション展示も見どころだ。

自然に詳しいガイドが常駐し、自然全般のことからリアルタイムの情報まで、直接聞くことができるほか、ガイドウォークも行っている(p.31参照)。

📞 0263-95-2606 🕐 8:00～17:00(7月下旬～8月下旬は～18:00) 🈶 開山中は無休 🈵 入場無料

TEKU TEKU COLUMN

上高地

バイカモとイワナ

上高地ビジターセンターの近く、小梨平を流れる清水川は、六百山の伏流水でその水量も豊かなことで知られている。この流れの水中にライブカメラが据えられ、ビジターセンターでもリアルタイムの映像を楽しむことができる。

映像の主人公が今は禁漁となってしまった岩魚と水性植物の梅花藻である。とくに夏には梅の花にも似た白い花が咲き、イワナの泳ぐ画像に見とれる人も多い。清水川は上高地の水源ともなっており、近付くことはできないが、唯一、清水橋（地図p.25-A）からは藻と岩魚の魚影を肉眼で確認できる。

河童橋〜明神池

梓川沿いに樹林の歩道をたどり、峻峰・明神岳のふもとに神秘の明神池を探勝。喧騒から離れ、上高地の山深さを味わえるコース。

歩くのにふさわしいスタイルで

河童橋から奥は山の領域と考えて、トレッキングシューズにリュックサックのスタイルが好ましい。雨具の用意も忘れずに。

梓川左岸道で
河童橋から明神池へ

地図 p.32-33

河童橋 →5分→ 小梨平 →45分→ 明神館 →15分→ 明神池

●**野鳥と花の森林道** 河童橋から明神池への道は梓川の左右両岸にある。川の左岸とは上流から下流を見て左側のこと、遡行する場合は流れの右手を行くことになる。明神へは左岸道がよく歩かれており、道は上り下りも少なく、整備されて歩きやすい。

河童橋を出るとすぐ上高地ビジターセンター（p.35参照）があり、その先で小梨平への道が左へ分かれる。コースは小梨平の右を回り込むようにコメツガやハルニレなど

の樹林の中に続く。小梨平の地名を生んだコナシとはバラ科のズミの地方名で、6月上旬ごろ白い花をつける。同じころ、林床にはニリンソウも白い花を一面に咲かせる。

蝶ヶ岳を望む地点を過ぎ、明神岳の岩峰が左に圧倒的な迫力をもって迫ってくる。土石流の跡を越えればもう明神は近い。

●**明神館と明神池** 樹林の中にぽっかりと明神館（p.52参照）が見えてくる。直進すれば徳沢へ、明神池へは左に曲がる。明神館には食堂もあり、休憩によい。明神岳を背に「穂高奥宮」の大きな標柱が立っている。

明神池への道は梓川に出て、つり橋の明神橋で右岸に渡る。岸沿いの道を右折すると左に嘉門次小屋がある（p.48、52参照）。かつて上高地周辺の山の主といわれた上条

梓川左岸をたどると明神岳が間近に迫る

森林浴が存分に味わえる探勝路

嘉門次がイワナ釣りの小屋としたところ
で、今は食事や休憩、宿泊もできる。

　記念碑の先には穂高神社奥宮がある。綿
津見命と穂高見命をまつる。奥宮が明神池
の入口で、社務所に拝観料300円を払う。

　明神池は梓川の古い川道が土砂の押し出
しでせき止められてできたと考えられ、伏
流水が湧水となって湧いている。入るとす
ぐ正面に広がるのが一ノ池で、小さな桟橋
があり、あざやかな彩りの舟がつながれて
いる。前には明神岳がそそり立ち、周囲は原
生林に囲まれて神秘的な雰囲気だ。

　左へ池畔をつたって進むと二ノ池、三ノ
池へ達する。池の中に島や岩が自然の配置
の妙を見せ、日本庭園の趣がある。

梓川右岸道で 明神池から河童橋へ

地図 p.32-33

明神池	25分 →	林道	35分 →	岳沢分岐	10分 →	河童橋

●帰り道は景色を変えて　明神池から河童
橋へもどるには、右岸道をたどると変化が
つく。こちらも道は整備されており、時間的
にも差はあまりないが、小さなアップダウ
ンがやや多くなる。

　明神池から梓川畔まで引き返し、明神橋
とは反対に右へ行く。すぐほの暗い樹林帯
へ入り、池からの流れを渡る。このあたりの
温地には木道が敷かれ、歩きやすい。20分
あまりで土道の車道へ出るが、これは治山
林道で、一般車の通行はない。この林道は河
童橋までつかず離れず続く。

●レンゲツツジの群落を抜けて　5分ほど
林道の左に並行して歩き、また歩道に入る。
沢に沿ったり離れたりしながら進み、池か
ら1時間ほど歩いたころ、岳沢への分岐点
に着く。右へ分かれるのが岳沢から前穂高
岳へ連なる道である。

　分岐付近は岳沢湿原となって木道を行く
が、このあたりは梅雨のころレンゲツツジ
の赤い花が美しい。南には六百山が大きく
そびえ立つ。上高地周辺の大きな案内図の
先で旅館街が見えてきて、観光客で賑わう
河童橋に到着する。

幽すいな明神池―ノ池

近代登山の夜明けはこの地から

上高地小史

多くの観光客が訪れる第一級の山岳リゾート・上高地。登山者によりその風景美が注目されるようになったのは、明治〜昭和初期のことだ。

1673〜1681 （延宝年間）

江戸時代の中期、松本藩、上高地一帯の森林事業（調査、育成、伐採、流木、搬送など）始まる。

「上高地」という名称

「上高地」という呼称が、いつごろから使われてきたかは定かではない。昔から、上口（かみぐち）、上河内、神河内、神垣内などと呼ばれていたという。上高地は明治以降の呼称ともいわれたが、江戸時代の書き物にも上高地の文字が見られたというから、色々な文字を当てていたのかもしれない。

上高地での一番古い宿は、1830（文政13）年に開湯され「上口湯屋」と呼ばれていたといい、江戸時代後期、上高地で森林仕事に従事する杣人たちは、この宿に宿泊していたという。その後1904（明治37）年、上高地温泉株式会社（現在の上高地温泉ホテル）となり、現在に至っている。いずれにしろ、「かみこうち」という呼び名からは、すばらしい奥山の渓谷が感じられて楽しくなる。

日本アルプスの名付け親 ウィリアム・ガウランド

W・ガウランド

北アルプスの盟主・槍ヶ岳への外国人による初登頂は、英国人技師ウィリアム・ガウランドによって1877（明治10）年になされている。彼は信州・飛騨境の山域を本場ヨーロッパ、スイスの「アルプス」になぞらえて「日本アルプス」と名付けたという。

W・ウェストン夫妻と嘉門次

ウォルター・ウェストンと上条嘉門次

英国人宣教師ウォルター・ウェストンは、1888（明治21）年来日。以来、上高地と周辺の山々をよく歩いた。1893（明治26）年、島々で上条嘉門次と初めて会い、嘉門次の案内で前穂高に登頂。その後もよく山行を共にし、日本に近代登山の芽を植え付けた。1905（明治38）年にウェストンの尽力で、英国山岳会を模範に「日本山岳会」が発足した。

現在、梓川の右岸の岩壁にウェストン・レリーフがはめられ、毎年6月第1土・日曜には、レリーフ前で「ウェストン祭」が開かれる。一方、嘉門次はその後、明神池畔に山小屋を建てて住み着いた。これが現在の嘉門次小屋で、子孫が継いでいる。嘉門次碑も残されている。

1896 （明治29年）
W・ウェストン、ロンドンで『日本アルプスの登山と探検』を出版。上高地と周辺の山々のすばらしさを世界に知らせた。

1905 （明治38年）
W・ウェストンの尽力で「山岳会」発足、初代会長は小島烏水。会は「英国山岳会（The Alpine Club）」を模範とした。

1910 （明治43年）
吊橋の、初代河童橋が架設される。現在の河童橋は1997（平成9）年に架けられた5代目となる。

1915 （大正4年）
焼岳大噴火による大泥流の流出で梓川がせき止められ、大きな池が造出。大正時代にできたので大正池と名付けられた。

1828 （文政11年）
飛騨の僧、播隆上人は信州安曇平小倉村の鷹庄屋中田又重郎を同行して槍ヶ岳に初登頂、銅製の阿弥陀仏を安置して槍ヶ岳開山とした。

1847 （弘化4年）
島々で上条嘉門次生まれる。

1877 （明治10年）
ウィリアム・ガウランドが、島々の猟師の案内で槍ヶ岳に外国人として初登頂。

1888 （明治21年）
英国国教会宣教師ウォルター・ウェストン来日。
3年後の1891（明治24）年、初めて上高地を訪問、翌1892（明治25）年には槍ヶ岳に登る。

1893 （明治26年）
W.ウェストン、島々で嘉門次と初対面、山案内を頼み、穂高（現在の前穂高岳）に登る。その後2人は北アルプスの多くの山行をともにする。

河童橋

　穂高連峰岳沢との組み合わせにより最高に景色の美しいところである。昔、梓川の河童淵というところに架けられたので「河童橋」と呼ばれたなど、名の由来は諸説ある。その後、芥川龍之介の小説『河童』に登場してさらに有名となった。現在の吊り橋は5代目で、掛け替えられるたびに立派になる。

徳本峠 <small>とくごうとうげ</small>

　島々～上高地間の車道が全通するまでは、上高地入りする人は徳本峠越えをしていた。島々から島々谷を長時間かけて標高2135mの徳本峠に登り、穂高連峰の雄姿に感嘆してから明神に下って上高地入りした。さらに中尾峠を経て飛騨へも道が通じており、歴史街道の役割も果たしていた。

徳本峠小屋と峠からの穂高連峰

大正池と焼岳

　河童橋付近からの梓川と穂高連峰、大正池と穂高あるいは焼岳が上高地の2大景勝地であろう。大正池は1915（大正4）年の焼岳大噴火で押し出された泥流が梓川をせき止めてできた。梓川の河辺林が池の中に取り込まれ、その後水面に枯れ木が林立する特異な景勝を作り出した。

　最近は枯れ木群も立ち腐れて水面下に倒れるものも多く、迫力が薄れてきたのが惜しまれる。

大正池の枯木群と噴煙を上げる焼岳

1933 （昭和8年）
梓川沿いに「釜トンネル」が開通、島々～上高地間の車道が全通した。同年、現在の上高地帝国ホテルが営業をはじめ、天下の秘境・上高地は登山者の世界から一般の旅行者へも大きく門戸を広げた。

1934 （昭和9年）
上高地一帯が中部山岳国立公園に指定される。

1952 （昭和27年）
文化財保護法に基づき、上高地が特別名勝、特別天然記念物に指定される。

1975 （昭和50年）
昭和47年の、大正池から上流の梓川の禁漁に続き、鳥獣保護特別区となる。
上高地のマイカー乗り入れが夏期禁止となる。1996（平成8）年には通年禁止になった。

1997 （平成9年）
安房トンネル開通。年間通行が可能となり、高山方面からの旅行者が飛躍的に伸びる。

2005 （平成17年）
新釜トンネル開通。バスの待ち時間などが短縮された。

上高地を楽しむための

自然観察図鑑

上高地は自然の宝庫。川縁や森林の林床に可憐な草花が咲き、魅力ある樹林相が眺められる。森林では野鳥が鳴き、花には高山蝶が舞う。

❶ニリンソウ
上高地の春を代表する花。ハルニレ林の林床に大群落を作る。明神〜徳沢間に特に多い。
高さ15〜30cm。花色：白
花期：5月〜6月中旬

❷サンカヨウ
大きな葉と整った花が何となくアンバランスに思える。早春の林で目につく花のひとつ。多年草。
高さ50cm。花色：白
花期：5〜6月

❸エンレイソウ
ニリンソウと同じころに咲く。ユリの仲間だが葉も花弁（外花被片）も3枚ずつである。
高さ20cm。花色：紫褐色または緑色
花期：5〜6月

❹イワカガミ
湿原、湿った岩場の斜面に多い。葉に光沢があるので「岩鏡」と呼ばれた。
高さ10cm。花色：赤紫
花期：5下旬〜6月上旬

❺ツバメオモト
針葉樹のやや暗い林床に成育する。葉がオモトに似ている。実は藍色。
高さ15〜30cm。花色：白
花期：6月

❻コミヤマカタバミ
林内、特に針葉樹林の林床で見られる。花には淡紅色の線条（ハニーガイド）がある。
高さ10cm。花色：白〜桃
花期：5〜6月

❼ゴゼンタチバナ
針葉樹林の林床に群生。葉は4枚のと6枚のものがあり、花は6枚のにしかつかない。多年草。
高さ10cm。花色：白
花期：6〜7月

❽マイヅルソウ
ゴゼンタチバナと同様の環境に多い。葉がツルの舞う形のようなのでこの名がついた。
高さ10cm。花色：白
花期：6〜7月

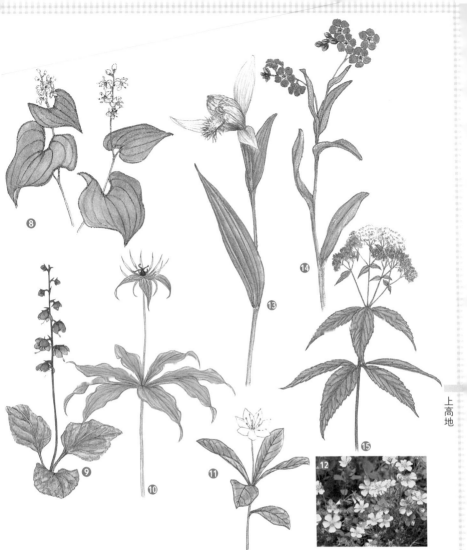

⑨ベニバナイチヤクソウ
ハンノキやカラマツ林の明るい地上に群生する。徳沢の手前や焼岳登山道沿いに多い。
高さ20cm。花色：ピンク
花期：6月下旬〜7月上旬

⑪ツマトリソウ
梅雨時の湿原やその周辺にひっそりと咲く。花弁の縁に薄く紅をさした花もある。
高さ10〜20cm。花色：白
花期：6月

⑬トキソウ
湿原に生える可憐なラン。花がごく淡い赤（トキ色）なのでこの名がつけられている。
高さ10cm。花色：淡紅色
花期：7月

⑮ヨツバヒヨドリ
路傍に多い。夏に咲く花には中型のチョウが集まる。輪生する葉は4枚とは限らない。多年草。
高さ約1m。花色：淡紅紫
花期：7月下旬〜9月

⑩クルマバツクバネソウ
エンレイソウやニリンソウがあるようなところで見られる。車輪状の葉と花の造形がおもしろい。
高さ30cm。花色：黄緑
花期：5〜6月

⑫キジムシロ
平地にもある植物だが上高地にも多く、濃い黄色の花が日当たりのよい平地や路傍を明るく彩る。
高さ5〜15cm。花色：黄
花期：5〜6月

⑭エゾムラサキ
日当たりのよい路傍の草むらに群生し、ワスレナグサと同じような可愛い花をつける。花期は長い。多年草。
高さ20〜50cm。花色：青紫
花期：5月〜7月上旬

❶ケショウヤナギ
日本では梓川上・中流部と北海道の札内川流域などにしか生育しない貴重な植物。若い枝が白く粉をふいたようになる。河童橋より上手に多い。

❷オオカメノキ
明るい林にある落葉低木で、上高地の木で一番早く花が咲く。別名ムシカリ。
高さ2〜4m。花色：白
花期：5〜6月

❸カンボク
オオカメノキと同じような場所にあり、花も似ているが、葉の形が異なる。
高さ2〜3m。花色：白
花期：6〜7月

❹マユミ
初夏に咲く花は地味で目立たないが、秋には葉も実も淡赤色に染まり、人目を引く。
高さ5m以下。花色：淡緑
花期：6月末〜7月

❺ナナカマド
紅葉が美しい木である。名前は七度かまどに入れてもまだ焼け残っているとの意味。
高さ10m以下。花色：白
花期：7月

❻バイカウツギ
花が梅に似たウツギの意味。林の縁に育ち、小梨平の梓川堤防にもある。
高さ2mくらい。花色：白
花期：7月

❼ノリウツギ
日当たりのよい湿り気のある場所に育つ。真夏に咲く花には多数の昆虫が集まる。
高さ30cm。花色：白
花期：7〜8月

❽ハルニレ
上高地の広葉樹を代表するもののひとつで大きな木になる。花は春早く葉の脇に咲くが、小さく目立たない。徳沢や焼岳登山

口には見事な純林がある。

⑨カラマツ（新緑）
帝国ホテル付近から小梨平入口までの林は植林されたものだが、各所の林内に天然の巨木が散在。10月下旬の黄葉は見事。

⑩ダケカンバ
⑪シラカンバ（葉・花）
この2種はよく似ているが、ダケカンバの葉の付け根はハート型。果穂は

シラカンバは下向き、ダケカンバは上向き。

⑫ズミ（コナシ）
上高地のズミは、リンゴの台木にするために植えられたものだといわれる。別名小梨、コリンゴ。
高さ5〜10m。花色：白
花期：6月

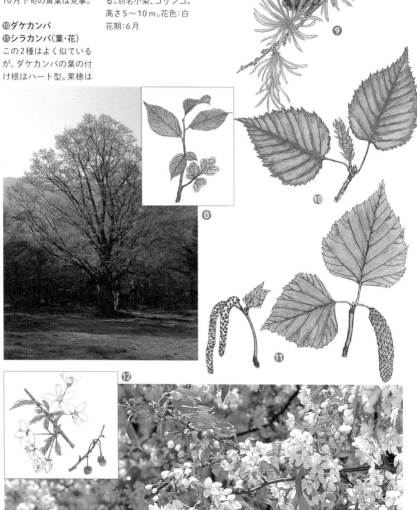

43

❶アサギマダラ

長距離の季節移動をすることで知られる。上高地では5月、7〜9月に、林間をゆっくり羽ばたいて飛んでいたり、花で蜜を吸ったりしている。

❷オオイチモンジ

生息は本州の亜高山帯に限られ、上高地を代表する大型のタテハチョウ。花には来ず、樹液に集まる。幼虫はドロノキを食べる。7月後半に姿を見せる。

❸ミドリヒョウモン

翅の模様がヒョウに似た、ヒョウモンチョウの仲間は上高地に数種いるが、最も多いのがこの蝶である。夏から初秋まで花上でよく見られる。

❹コヒオドシ

本州では中部地方だけに住む高山蝶の一種。越冬個体が4〜5月に見られるが、7〜8月にクガイソウやヨツバヒヨドリの花に多数集まっている。

❺コガラ

黒いベレーをかぶったような愛らしい小鳥である。春早く澄んだ声でさえずる。よく枝先にぶら下り餌を探している。留鳥。一年中見られる。

❻オシドリ　オス
❼オシドリ　メス

オスは日本の鳥の中で最も美しい鳥のひとつである。春から秋まで、水辺に多いが、マガモと異なり、秋には低地に移動し、冬は残らない。4〜10月。

❽マガモ　オス・メス

冬鳥として冬季に北方から渡来するものが多いが、上高地では1年中見られ、繁殖もしている。河童橋周辺など、人の多い水辺によく集まる。

❾ゴジュウカラ

木の幹を下向きにおりることのできる唯一の鳥。早春からフィーフィーと高い声でさえずる。よくコガラやヒガラと一緒に行動している。留鳥。

⑩アカゲラ
赤・白・黒の模様がはっきりした中型のキツツキ。オスは後頭部も赤い。上高地に1年中すむ留鳥。警戒心が強く、近づけない。一年中見られる。

⑪アオジ
ふだんはやぶの中にいることが多いが、明るい疎林の下枝でゆったりとさえずっているときには姿を見やすい。夏は高地や北方に、冬は雪のない低地における漂鳥。4〜10月。

⑫コマドリ
夏鳥(春に南から飛来)。沢沿いの暗い森林にすむ。カララ…と響く声はよく聞けるが、やぶの中にいてなかなか姿を見せない。写真はオスで、メスはやや淡色。4〜10月。

⑬キビタキ
夏鳥。大きな木のある森林にすむ。下枝で高く澄んだ声でさえずる。メスは淡褐色。上高地には多く、各所で美しい姿に接することができる。

⑭オオルリ
夏鳥。沢渡より下の梓川沿いに多いが、河童橋付近でも朗々とさえずるのを聞くことができる。いつも高い梢にいる。メスは褐色。5〜9月。

⑮ニホンザル
北アルプスのサルは日本で最も高いところにいる群れとして知られる。人をおそれず、近くで出合う機会が多いが、絶対に餌を与えないように。

⑯イワナ
上高地にもともと生息する魚は、イワナだけである。しかし、養殖されたヤマトイワナ系統のイワナが放流されたり、放流されたカワマスと雑種を作ったりして、現在、純系のイワナは横尾より上流でなければ生息していないといわれる。

絶景を撮る

コンパクトデジカメやスマートフォンを使って、上高地の素敵な山風景を形に残してみよう。撮影のポイントを山岳写真家の中西俊明さんに教えてもらった。

1. 主役をはっきりさせる

きれいな景色を見ると、すべてを写したい！と思ってしまいますが、たとえば樹林の美しさを見せたいのか、山の雄々しさを表したいのか。何を主役にしたいのかを決めましょう。

2. 主役を生かす構図

●…主役は大きく

主役は画面に多く取り入れます。ありがちなのが、空を入れ過ぎてしまうこと。山の大きさを表現するなら、空は全体の2〜3割ぐらいにすると迫力が出ます。

●…主役を真ん中に置かない

主役となるものを中央に置くと、平凡な印象を与えがちです。山のピークを中心からずらしたり、花の写真でも左右どちらかにメインとなる花をずらすと、画面に変化が出ます。

●…縦か、横か

縦構図（縦長）の写真は高度感、横構図の写真はのびやかさを表現できます。山が高くそびえる様子、木の高さを表現するなら縦構図、山が横に連なる様子や草原の広がりを表現するなら横構図にしましょう。

3. いろいろな撮影モード

全自動モードでもきれいな写真が撮れますが、ついているシーンモードを活用すると、より撮りたい写真が撮れます。

●マクロモード（花マークなど）……近い距離でピントが合い、背景がぼけます。花を撮影するときなどに。

●風景モード（山マークなど）…手前から奥までピントが合います。遠近感のある風景を撮影するとき。

焼岳が中心にあるが、両側の立ち枯れた木がアクセントに

買う＆食べる

軽食

上高地食堂・売店
かみこうちしょくどう・ばいてん

地図 p.25-A
♀ 上高地 BT2 階

上高地バスターミナルの2階にあり便利。料理は手作りで、店内で食べられる、イワナとそばがセットの上高地定食（1600円）や、奈川産の手打ちそばがおすすめ。店内には上高地や信州のおみやげなどを扱う売店もある。

📞 0263-95-2039
🕐 6:00～16:30（季節変動あり）
🏠 開山中無休
💰 食事900円～

喫茶・食事

五千尺キッチン
ごせんじゃくきっちん

地図 p.25-A
♀ 上高地 BT から 🚶 5分

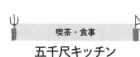

信州の地物を使用した料理が味わえる。ボリューム満点の山賊焼き定食（1580円）などの定食のほか、味噌ラーメン

や信州米豚の贅沢ソースカツ丼といった単品のメニューもある。窓からは河童橋や穂高連峰の眺めがよい。

📞 0263-95-2111（五千尺ホテル）
🕐 11:00～15:00頃
🏠 開山中無休
💰 食事990円～

喫茶・軽食

レストラン ラ・ベルフォーレ

地図 p.25-A
♀ 上高地 BT から 🚶 5分

梓川の右岸、河童橋の西詰めすぐ前のホテル白樺荘1階にある。隣は品物豊富なおみやげ店。香り高いコーヒーや信州牛のビーフカレー、岩魚の塩焼き、信州牛ボロネーゼなどが味わえる。ボリューム満点の山賊バーガーも人気。

📞 0263-95-2131（上高地ホテル白樺荘）
🕐 8:00～16:00　🏠 期間中無休
💰 食事870円～

喫茶

上高地ルミエスタホテル ロビーラウンジ
かみこうちるみえすたほてる ろびーらうんじ

地図 p.25-D
♀ 帝国ホテル前から 🚶 8分

上高地温泉ホテルの東隣り、ウェストン碑寄りの上高地ルミエスタホテルにあるラウンジ。季節ごとのケーキや、

清水川のおいしい水でいれたコーヒー、紅茶などがゆったりと味わえる。

📞 0263-95-2121
🕐 8:00～15:30　🏠 期間中無休
💰 コーヒー770円、
　 ケーキセット990円

喫茶・洋食・和食

カフェ グリンデルワルト

地図 p.25-F
♀ 帝国ホテル前からすぐ
♀ 上高地 BT から 🚶 10分

静かな樹林の中に目立つ赤い屋根の上高地帝国ホテル。ロビーの真ん中には吹き抜けの暖炉があり、まわりのラウンジでは、落ち着いた雰囲気のなか、ゆっくりとコーヒー、紅茶が味わえる（1050円～）。食事はサンドイッチセットのみ。ランチタイムでは、宿泊者でなくても利用できるレストラン・アルペンローゼ、和食のあずさ庵がある（外来は昼食のみ）。

📞 0263-95-2001（上高地帝国ホテル）　🕐 9:00～16:30（LO 16:00）　🏠 開山中無休
💰 ケーキセット1950円、
　 サンドイッチセット3250円～

レストラン レイクビュー

地図p.24-L
♀大正池からすぐ

　レストランの窓からは、いながらにして大正池と焼岳、穂高連峰が眺められる。早朝のバスで上高地自然研究路を大正池から歩く人には、朝7時からの営業がありがたい。コーヒー、紅茶などのほか、軽食が用意されている。

♪0263-95-2301
　（上高地大正池ホテル）
⏰7:00～16:00（15:30LO）
休期間中無休

西糸屋山荘売店・グリーンポット

にしいとやさんそうばいてん・ぐりーんぽっと

地図p.25-A
♀上高地BTから🚶10分

　カラマツ林に囲まれた静かな環境。カントリー調の売店には、上高地ならではのお土産が並ぶ。続いて喫茶室「グリーンポット」があり、コーヒー、

ブドウジュースのほか、カレー、山菜そばなどがとれる。

♪0263-95-2206
⏰売店7:00～21:00グリーンポット10:00～14:00
休期間中無休

嘉門次小屋

かもんじごや

地図p.33-D
♀上高地BTから🚶1時間

　静かな明神池（みょうじんいけ）の畔にある山小屋。往年の名ガイド・上条嘉門次（かみじょうかもん）次の曾孫が運営している。小屋の囲炉裏で焼くイワナの塩焼き（1100円・定食は1700円）が名物で、ほかにもそばなど軽い食事もとれる。すぐ近くに上条嘉門次を顕彰する記念碑が立っている。

♪0263-95-2418
⏰8:30～16:30
　（夏期は8:00～）
休4/25～11/15無休
¥食事600円～

上高地のおみやげ屋さん

かみこうちのおみやげやさん

地図p.25-A
♀上高地BTから徒歩5分

　五千尺ホテル1階にある売店。五千尺ホテルで提供しているオリジナルジャムやジュース、5HORNのチーズタル

トなどがおみやげに人気だ。店頭でソフトクリームも販売している。

♪0263-95-2111（五千尺ホテル）
⏰7:00～18:00
休期間中無休

おみやげ処ピッケル

おみやげどころピッケル

地図p.25-A
♀上高地BTからすぐ

　上高地観光センター1階にあるみやげ物店。和菓子や地酒、地元の民芸品などが豊富に揃っている。なかでも人気は、リンゴの風味が優しく香る上高地リンゴストーリーバームクーヘン（1000円）。バスターミナルに近いので、帰りのバスに乗る前に急いでおみやげを探すのにもよい。

♪0263-95-2401
⏰7:00～16:30（繁忙期、土・日曜、祝日は6:00～17:00）
休期間中無休

自然を想うみやげ

上高地の自然を感じたり、自然環境について考えられるおみやげを、上高地ビジターセンターで発見！山岳リゾートならではのおみやげ、いかがですか？

かっぱ箸

外食のときにさりげなく使いたい、間伐材を使った箸と箸袋のセット。箸袋はエンジ、グレーなど4色。1030円。

● 環境を考える

河童の涙

上高地に捨てられたガラス瓶を砕いたリサイクル商品。自然が汚されて河童が流した涙のよう。1袋100円。

写真集「山に向かう心」

上高地ビジターセンターでのみ発売している。迫力ある写真が収められていて、おみやげに最適。1550円。

● 森を感じる

朝霧下りた梓川の谷を──
しかしその霧はいつまでたっても晴れる気配は見えません。のみならずかえって深くなるのです。

芥川龍之介「河童」より
岩波文庫
上高地ビジターセンター

文学から自然を感じる

ブンガクTシャツ

芥川龍之介の「河童」など、自然を題材にした文学の一文が、イラストとともに描かれたTシャツ。左はその一例。2000円。

泊まる

　上高地の宿は、上高地が開いている4月下旬〜11月中旬までの営業で、夏などのピーク期は、かなり早い時期から満室になる。宿によっては冬のうちからも予約を受け付けているところもあるので、各宿のガイドに表示した冬期の予約・問い合わせ先で確認を。

　懐石料理で、山菜天ぷらやイワナの塩焼きが好評。バイキングプランもあり。

♪ 0263-95-2131（通年連絡）
¥ 1泊2食付き
　1万4000円〜
ℹ 55室

華な吹き抜けの玄関ロビー、24時間利用できる大浴場（時間により外来者も利用可。1000円）など施設も充実。ハイカーズルームが4部屋あり、1泊2食付き1万4000円（2段ベッド利用・相部屋）。

♪ 0263-95-2231
¥ 1泊2食付き2万2500円〜
ℹ 23室

ホテル
五千尺ホテル上高地
ごせんじゃくほてるかみこうち

地図p.25-A
♀ 上高地BTから🚶5分

　五千尺ホテルの名称は、上高地の標高1500mに由来する。食事は松本民芸家具のレストランで、本格的なフランス料理が楽しめる。

♪ 0800-800-5125
¥ 1泊2食付き
　2万1450円〜
ℹ 29室

ホテル
上高地ホテル白樺荘
かみこうちほてるしらかばそう

地図p.25-A
♀ 上高地BTから🚶5分

　木の温もりを大切にした山の宿。穂高連峰を望む部屋が人気だ。宿を拠点に見どころの散策にも便利。食事は山の

ホテル
上高地西糸屋山荘
かみこうちにしいとやさんそう

地図p.25-A
♀ 上高地BTから🚶10分

　親しみやすい雰囲気で家族連れにも好評の宿。別館は格安料金でハイカー、登山者に人気。全室禁煙。別館は和室＋2段ベッド2基で、グループでの利用もできる。

♪ 0263-95-2206
♪ 0263-46-1358（冬期）
¥ 1泊2食付き 本館1万円〜、別館男女別相部屋8500円〜
ℹ 本館30室、別館10室／穂高展望風呂あり

ホテル
上高地アルペンホテル
かみこうちあるぺんほてる

地図p.25-A
♀ 上高地BTから🚶10分

　松本市市営の宿泊施設。豪

ホテル
上高地温泉ホテル
かみこうちおんせんほてる

地図p.24-G
♀ 帝国ホテル前から🚶7分

　「上口湯屋」といわれた歴史ある宿。源泉かけ流しの温泉で、露天風呂は日帰り利用ができる（p.34参照）。梓川と霞沢岳の眺めが抜群で、ながく文人、画人の利用が多い。館内には、主に安井曽太郎門下の画家の山岳画のミニギャラリー「きとう」もあり、風景、温泉、アートが楽しめる。

♪ 0263-95-2311
¥ 1泊2食付き
　1万7530円〜
ℹ 55室／温泉・露天風呂あり

ホテル
上高地
ルミエスタホテル
かみこうちるみえすたほてる

地図 p.25-D
♀ 帝国ホテル前から🚶8分

　梓川に面して立つ白壁のリゾートホテル。各部屋から梓川越しに霞沢岳が眺められる。夕食は本格的フランス料理。広々した風呂で天然温泉を満喫できる。

　♪ 0263-95-2121（通年連絡）
　¥ 1泊2食付き1万4850円〜
　ⓘ 38室／温泉・露天風呂あり

ホテル
上高地帝国ホテル
かみこうちていこくほてる

地図 p.25-E
♀ 帝国ホテル前から🚶1分

　日本初の本格的山岳リゾートホテルで、1933（昭和8）年の開業以来80有余年の歴史を刻む。施設、料理、サービスとも一流で過ごしやすいホテルだ。レストランはダイニングルームのほかあずさ庵（和食）、アルペンローゼがあり、カフェ・グリンデルワルトではお茶が飲める（p.47参照）。

　♪ 0263-95-2001
　♪ 03-3592-8001（冬期）
　¥ 2万9000円（ツイン）〜
　ⓘ 74室

ホテル
大正池ホテル
たいしょういけほてる

地図 p.24-L
♀ 大正池からすぐ

　大正池と焼岳、穂高連峰を一望のもとにできる、絶好の立地の宿。早朝、朝もやが青い湖面にかかる神秘的な瞬間や、黄昏時に焼岳が夕日に映える姿を部屋から眺めて過ごしたい。

　♪ 0263-95-2301
　♪ 0263-33-7400（冬期）
　¥ 1泊2食付き1万3800円〜
　ⓘ 27室

山小屋
旅荘 山のひだや
りょそう やまのひだや

地図 p.33-D
♀ 上高地BTから🚶1時間

　仙境・明神池と梓川に挟まれた林間に立つ木造の山の宿。明神池へも近く、とくに別棟の浴室からの、明神岳の眺めが美しい。自家発電のため夜

間は21時消灯。併設して、カフェ ド コイショもあり、日替わりケーキ650円〜やコーヒーが。

　♪ 0263-95-2211
　♪ 0263-32-0404（冬期）
　¥ 1泊2食付き1万5950円〜
　ⓘ 15室

山小屋
徳澤園
とくさわえん

地図 p.21-C
♀ 上高地BTから🚶2時間

　明神からさらに歩いて小1時間、宿の周囲には春はハルニレの木が芽吹き、根元にはニリンソウの白い小花が群れる。井上靖の小説『氷壁』のモデルにもなった山小屋風ロッジで、民芸家具使用の落ち着いた雰囲気のロビーがある。

　♪ 0263-95-2508
　♪ 0263-94-2438（冬期）
　¥ 1泊2食付き1万8800円〜、
　　相部屋1万3500円
　ⓘ 個室17室、相部屋3室

旅館
中の湯温泉旅館
なかのゆおんせんりょかん

地図 p.21-E
♀ 中の湯から宿の送迎あり

　原生林に囲まれた秘境で、穂高連峰の雄姿がすばらしい。女性用の露天風呂は山間の森の中にあり、男性用からは穂

高の山並みを望む。日帰り入浴も可。

♪ 0263-95-2407（通年営業）
¥ 1泊2食付き1万3200円～
ℹ 43室／温泉あり／
　露天風呂あり

🌙 **山荘** ⭐

THE PARKLODGE上高地
ざぱーくろっぢかみこうち

地図 p.25-A
🚏 上高地BTから🚶5分

　上高地のシンボル河童橋から徒歩1分の好立地。季節ごとのビュッフェ料理が人気だ。

♪ 0263-95-2221（通年連絡）
¥ 1泊2食付き
　1万2600円～
ℹ 33室

🌙 **山荘** ⭐

明神館
みょうじんかん

地図 p.33-D
🚏 上高地BTから🚶1時間

　明神岳の眺めがすばらしい。展望風呂あり。

♪ 0263-95-2036
♪ 0263-33-3353（冬期）
¥ 1泊2食付き個室1万7000円
　～、相部屋1万1500円～
ℹ 個室23室、相部屋8室

🌙 **山荘** ⭐

徳沢ロッヂ
とくさわろっぢ

地図 p.21-C
🚏 上高地BTから🚶2時間

　春から秋にかけて色とりどりの花を楽しめる、ハルニレの巨木に囲まれた静寂の宿。

♪ 0263-95-2526
¥ 1泊2食付き1万4000円～
　相部屋1万円
ℹ 個室7室、相部屋5室

🌙 **キャンプ場** ⭐

森のリゾート 小梨
もりのりぞーと こなし

地図 p.33-C
🚏 上高地BTから🚶5分

　テント、ケビン（1人4500円～）、常設テント（1人6000円～）など、各種設備がある。

♪ 0263-95-2321
♪ 0263-94-2536（冬期）

🌙 **山荘** ⭐

嘉門次小屋
かもんじごや

地図 p.33-D
🚏 上高地BTから🚶1時間

　食堂兼営で、イワナの塩焼き（1100円、定食1700円）が名物。

♪ 0263-95-2418
♪ 0263-87-5653（冬期）
¥ 1泊2食付き9000円
ℹ 4室

🌙 **旅館** ⭐

坂巻温泉旅館
さかまきおんせんりょかん

地図 p.20-H
🚏 坂巻温泉から🚶10分

　梓川沿いに立つ宿。渓流に面して露天風呂がある。

♪ 0263-95-2453（通年営業）
¥ 1泊2食付き1万2400円～
㊡ 不定　ℹ 10室／温泉あり／
　立ち寄り湯600円

TEKU TEKU COLUMN

上高地のまつり

●上高地開山祭　4月27日
　シーズンの幕開けを祝い、山の安全を祈願して河童橋で行われる。神事のあと、アルプホルンの演奏や獅子舞が奉納される。
●ウェストン祭　6月第1土曜～日曜
　ウェストンの足跡をたどり、島々谷から徳本峠を越えて上高地に入る記念山行のほか、ウェストン広場で碑前祭も。
●上高地音楽祭　6月第2 or 第3土曜日

残雪の穂高連峰をバックに、毎年音楽グループを呼んでコンサートを開催。
●明神池お船祭り　10月8日
　穂高神社奥宮の例大祭。明神池に船2隻を浮かべ、雅楽の調べが流れるなか、神官を乗せて一周しながら神事を行う。
●上高地閉山式　11月15日
　上高地の恵みに感謝しシーズンの幕を閉じる。河童橋のたもとで神事を行う。

松本

松本

エリアの魅力

町歩き
★★★★★
味覚
★★★
宿泊施設
★★★

観光の中心は松本城。かわいらしい民芸の店やカフェ、ここならではのそば屋も多い。中町通りやナワテ通りも風情がある。

新旧の文化入り混じる水の街
アルプスの東の玄関口

松本城を中心に、白壁土蔵の景観が美しい中町通り、城下町の風情を再現したナワテ通りに古民家を改造した店が並ぶ。上高地・乗鞍方面への入口で、交通ジャンクションの役割を果たす。ビジネスホテルが多く、前日泊のフットワークも至便だ。

 HINT

松本への行き方

東京方面から

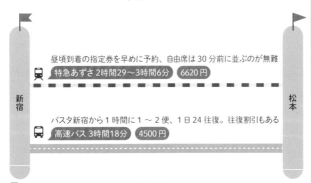

新宿

昼頃到着の指定券を早めに予約、自由席は30分前に並ぶのが無難
🚃 特急あずさ 2時間29〜3時間6分　6620円

バスタ新宿から1時間に1〜2便、1日24往復。往復割引もある
🚌 高速バス 3時間18分　4500円

松本

🚃 **鉄道利用の場合**…特急や「あずさ」を利用する場合、都区内〜松本は片道6620円、八王子〜松本は5650円。多摩方面や横浜方面か

便利なきっぷ

●信州・飛騨アルプスワイドフリーパスポート、上高地・乗鞍2デーフリーパスポート→p.125参照
●あずさ回数券・指定席特急回数券→p.124参照

観光の問い合わせ

松本市観光案内所(松本駅)
(9時〜17時45分)
📞0263-32-2814

交通の問い合わせ

京王高速バス予約センター
📞03-5376-2222
名鉄高速バス予約センター
📞052-582-0489
阪急高速バス予約センター
📞0570-089-006
アルピコ交通
高速バス予約センター
📞0570-550-373
松本バスターミナル
📞0263-32-0910

らは南武線や横浜線を利用して、立川や八王子停車の「あずさ」や新横浜、町田、橋本にも停車する特急「はまかいじ」（季節運行）を利用する手もある。横浜から6310円。お昼前に松本に到着する新宿発7〜10時台の列車は、新宿で自由席が満席になり、指定席がないと座れない。

特急あずさ

🚌 **バス利用の場合**…新宿駅南口、甲州街道を挟んであるバスタ新宿から、松本駅前の松本バスターミナルを結ぶ。原則的に予約指定制。

しなの

名古屋・大阪方面から

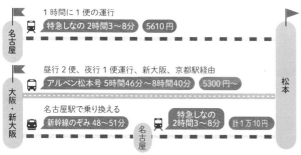

名古屋

1時間に1便の運行
特急しなの 2時間3〜8分 5610円

松本

大阪・新大阪

昼行2便、夜行1便運行、新大阪、京都駅経由
アルペン松本号 5時間46分〜8時間40分 5300円〜

名古屋駅で乗り換える
新幹線のぞみ 48〜51分 | 特急しなの 2時間3〜8分 | 計1万10円

名古屋

🚃 **鉄道利用の場合**…大阪から松本までの特急列車はすべて廃止されたので、新幹線で名古屋へ向かい、名古屋発の特急「しなの」に乗り継ぐ。名古屋からは指定席特急回数券（p.124参照）の利用も検討したい。

🚌 **高速バス利用の場合**…名古屋〜松本は所要3時間27分、3400〜4800円。大阪〜松本は所要5時間45〜46分（夜行便）、5500円〜。鉄道より4000〜5500円程度安いが、2時間40分〜5時間40分（夜行便の場合）ほど所要時間が余計にかかる。

松本

TEKU TEKU COLUMN

松本周遊バス

松本駅前から周遊バス「タウンスニーカー」が北・東・南・西の4コース運行、市内の見どころを回るのに便利。7時30分〜20時頃（コース・季節により変更あり）の間20〜30分ごとに運転され、1回200円。500円の1日乗車券も車内で販売。松本バスター ミナル ♪0263-32-0910

はじめの一歩（松本から上高地・乗鞍方面へ）

上高地・乗鞍方面への電車・バスの乗り場や切符売り場は、松本駅構内と松本バスターミナルの2ヶ所に分かれる。それぞれやや離れているので要注意だ。

Ⓐ松本電鉄上高地線

JRで松本到着後、上高地・乗鞍へ

松本電鉄のホームへ直行する。松本駅から上高地・乗鞍へが、松本電鉄で新島々駅へ行き、バスに乗り換える。

POINT
乗り換えのヒント／上高地などへの切符は新島々に到着後に買う。上高地への乗り継ぎ切符や信州・飛騨アルプスワイドフリーパスポート、上高地・乗鞍2デーフリーパスポートなどの便利なきっぷ（p.124参照）は、新島々駅で下車する際に購入する仕組み。

↖長野・大町方面へ　●ホテルニューステーション
●ホテル飯田屋
本町通り・中町・松本城へ→
公園通り　中央（一）
㉑タウンスニーカー北コース
●マクドナルド
㉒タウンスニーカー東・南コース
ファッションステーションMIDORI
お城口（東口）
松本駅前
●大王わさび農場
松本駅前
駅前大通り
143
「楽都、岳都、学都」の時計塔
プレミアホテル-CABIN-松本
昭和ビル
八十二銀行
市観光案内所
待合室
松本駅
●E.V
NEW DAYS（松本銘品館）
ATM
お忘れ物承り所
宅急便　●駐車場
1F　バス案内所・切符売り場　Ⓑ
松本バスターミナル（アルピコプラザ）
市営駐車場
アルプスロ（西口）
3F案内
●ラ・ガール（花屋）
●交番
エースイン松本●
⑩⑨⑧⑦⑥
女子WC　ATM
2F案内
お城口（東口）
深志（一）
●駅レンタカー
Ⓒ⑩高山・平湯・新穂高行
⑥〜⑨上高地・新穂高・白骨
●アルピコプラザホテル
新島々へ　　塩尻へ
井上デパート

Ⓑバス案内所・切符売り場

高速バスで到着後、上高地や乗鞍へ

松本電鉄に乗り換える前に割引切符を入手。上高地への乗り継ぎ切符はJR松本駅の自動券売機、信州・飛騨アルプスワイ

ドフリーパスパスポート、上高地乗鞍2デーフリーパスポートは松本バスターミナルのアルピコバス案内所で購入。

POINT
乗り換えのヒント／信州・飛騨アルプスワイドフリーパスパスポート、上高地乗鞍2デーフリーパスポートをここで購入しておけば、松本駅から松本電鉄にもこの切符で乗ることができる。

Ⓒ⑩番乗り場 高山・平湯・新穂高行

奥飛騨温泉郷・高山へ

松本バスターミナルから特急バスを利用する。特急バスは駅前の松本バスターミナルから発着

し、松本駅を経由しない。新宿・名古屋・大阪・長野からの特急バスもすべてここに着く。

POINT
乗り換えのヒント／特急バスの乗り場は緑の階段が目印。松本駅のJRのホームからバス乗り場までは、徒歩10分程度離れている。高山・平湯・新穂高行の特急バスは地下案内所から、緑の階段を登った10番乗り場に発着する。

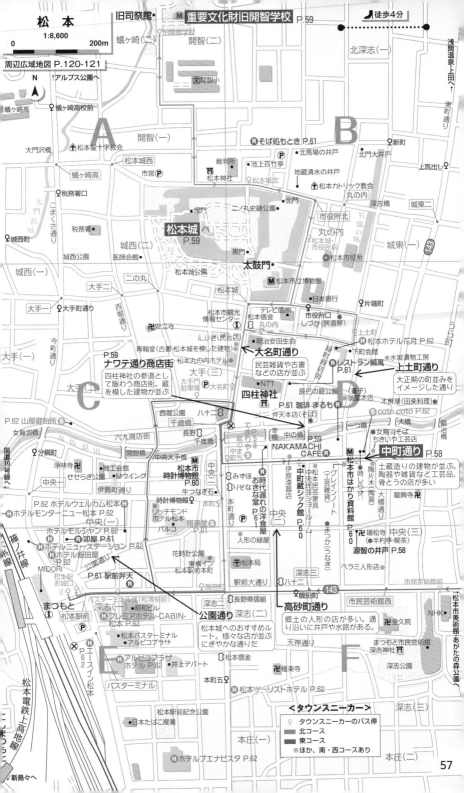

松本

1:8,600

0　　　　200m

周辺広域地図 P.120-121

N ↑アルプス公園へ

旧司祭館●　旧開智学校　M 重要文化財旧開智学校 P.59

♪徒歩4分

蟻ヶ崎（二）　開智（二）

蟻ヶ崎高校前

開智（一）

蟻ヶ崎高

大門沢橋

こまくさ通り

大門沢通り

城西町

城西（一）

税務署口

税務署

城西公園

医師会館

二の丸

A

松本聖十字教会

松本城西

市営 P

裁判所

松本神社

二ノ丸史跡公園

松本城
内 P.59

松本城公園

大手二

大手町通り

西堀通り

今町通り

大手（一）

大手町通り

C

ナワテ通り商店街

P.59

四柱神社の参道として賑わう商店街。蔵を模した建物が並ぶ

大手（三）

青翰堂（古書・松本城を模した建物）

松本丸の内ホテル

西堀公園

千歳橋

長野

千歳橋

六九商店街

開智橋

浄林寺

P.62 山屋御飴所

女鳥羽橋

分銅町

商工会館

せせらぎ公園

Mウイング

伊勢町通り

国道19号線

P.62 ホテルウェルカム松本

ホテルモンターニュ松本 P.62

ホテルモルシャン P.62

H 卯屋

H ホテルニューステーション P.62

ホテル飯田屋 P.62

MIDORI

P.61 駅前弁天

まつもと

松本駅前

バスターミナル北（松本駅前）

プレミアホテル-CABIN-
松本 P.62

E

松本バスターミナル

アルピコプラザ

アルピコプラザ
ホテル P.62

井上デパート

バスターミナル

松本駅前記念公園

日本たばこ産業

松本電鉄上高地線

新島々へ

B

北深志（一）

浅間温泉・上田へ↑

東町通り

そば処もとき P.61

北馬場の井戸

北門大井戸

新町

上馬出し

北門

地蔵清水の井戸

松本カトリック教会

丸の内

深志橋

城東二

片端の井戸

市役所北

城東（一）

143

松本市役所

片端町

日本銀行

市役所口

しづか（居酒屋）

明治安田生命

大名町通り

民芸雑貨や古書などの店が並ぶ

NTT

四柱神社

辰巳の庭公園

P.61 珈琲 まるも

弁天本店（そば）

中の橋

NAKAMACHI
CAFE

一ッ橋

中央（二）

本町通り

時代遅れの洋食屋 P.61

おきな堂

みずほ

りそな

伊勢屋漆器店

中央民芸家具

グレインノート

陶片木 陶器

まつか（うなぎ）

瑞松寺

中央（三）

（半刈亭・喫茶）

源智の井戸 P.58

ベラミ人形店

高砂町通り

郷土の人形の店が多い。通り沿いに井戸や水路がある。

天神通り

F

中央（三）

松本ホテル花月 P.62

下町会館

水城漬物工房

上土町通り

大正期の町並みをイメージした通り

木曽屋（田楽料理）

S coto.coto P.62

大橋

女鳥羽そば
ちきりや工芸店

松本市はかり資料館

土蔵造りの建物が並ぶ。陶器や雑貨など工芸品、骨とうの店が多い

中町通り P.58

M 松本市
はかり資料館

中町蔵シック館 P.60

大橋通り

龍興寺

市民芸術館西

飯田町

高砂町通り

市民芸術館

深志三

深志（二）

公園通り

松本城へのおすすめルート。様々な店が並ぶにぎやかな通りだ

本町五

松本信金

松本ツーリストホテル P.62

本庄（一）

ホテルブエナビスタ P.62

本庄（二）

深志神社

深志公園

極楽寺

全久院

NHK

松本市美術館・あがたの森公園へ

深志（三）

松本市立博物館

テレビ信州

松本信金
丸の内

松本市観光
情報センター

安立寺

にしき民芸店

大名町

大名町駐車場

ハナミ

弁天

中央大手橋

松本市
時計博物館 P.60

時計博物館

牛つなぎ石

リッチモンド
ホテル松本

パルコ

開運堂 P.61

人形の緑屋

花時計公園

東横イン
松本駅前本町

松本局

駅前大通り

ハナミ

深志二

松本信金

E

エースイン松本

本町五

<タウンスニーカー>

♀ タウンスニーカーのバス停
北コース
東コース
※ほか、南・西コースあり

57

てくさんぽ

松本

まつもと

松本城の城下町。白壁土蔵の景観が美しい中町通り、城下町の風情を再現したナワテ通りなど、個性的な通りをつないで歩きたい。

01 バームクーヘン 800 円〜

てまりや

中町通りに面したバームクーヘン専門店。「信州の豊かな恵みをお福分け」をモットーに、地場産の米粉や玄米粉を使用、店内で丁寧に焼き上げている。種類はベーシックなみのり、玄米粉が香ばしいハードタイプのあらぶす、松本城をイメージした黒バウムのまつもとなど6種類。バウムクーヘンのラスクもある。

📞 0263-39-5858 / ⏰ 10:00〜17:00/🈲 第2・4木曜

02 見学 10 分

源智の井戸
げんちのいど

平成の名水百選にも認定されている、地下水が豊富な松本市内でも有数の湧水地。松本の城下町ができる前から、飲用水として使われていたという。

📞 0263-34-3292（松本市文化財課）

03 散策 30 分

中町通り
なかまちどおり

明治時代に建てられたなまこ壁の土蔵が残り、当時の雰囲気を味わうことができる。器やアクセサリー、雑貨など民芸や工芸の店が多く、ショッピングも楽しめる。中央民芸ショールームでは松本民芸家具を展示販売。蔵の会館である中町・蔵シック館（p.60）が、町の拠点となっている。

📞 0263-36-1421（中町商店街振興組合）

ⓡそば処もとき P.61
⋯Ⓟ北馬場の井戸
⋯池上百竹亭
⋯松本カトリック教会
⋯松本城北
⋯地蔵清水の井戸
⋯北門
丸史跡公園
市役所北
丸の内
深志橋 城東二
丸の内
太鼓門
市役所北
片端の
城東(一) 143
松本城・市役所前
松本市役所
Ⓜ松本市立博物館
松本城
塩屋小路入口
・日本銀行
Ⓟ市役所口
片端町
テレビ信州
（居酒屋）
松本信金
上土町
たかぎ(民芸店)
明治安田生命
下町会館
（古書・松本城を模した建物）
水城漬物工房
松本丸の内ホテル
Ⓗ松本ホテル花月 P.62
・NTT
ⓡレストラン鯛萬 P.61
四柱神社
辰巳の森公園
東町
木曽屋（田楽料理）
ナワテ通り
音金本店
商店街05
（菓子） 時
（大橋）
幸橋
中の橋
珈琲 まるもⓡ
まりや
伊原漆器店
P.61
女鳥羽そば
中町通り03
coto.cotoP.62
松本市はかり資料館
土蔵造りの建物が並ぶ。陶器や雑貨など工芸品、骨とうの店が多い
ち中町
まつうら(うなぎ)
松本民芸家具中央民芸ショールーム
陶片木（陶器）
「グレインノート」（工芸雑貨）
ほづみ
大橋通り
なな
中央（二）
龍興寺
Ⓟ
時代遅れの洋食屋おきな堂
中町蔵シック館P.60
NAKAMACHI
CAFÉ 04
瑞松寺 中央（三）
（●半杓亭・喫茶）
源智の井戸02
大橋通り南
ヘラミ人形店
志二
前大通り
ハナニ
市民芸術館前
143
野県信組
飯田町
市民芸術館西
深志三
志(二)
松本市美術館
あがたの森公園へ
NHK
全久院
天神通り
まつもと市民芸術館
深志神社
松本ツーリストホテル P.62
深志公園
極楽寺
松本ツーリストホテル P.62
深志(二)

回る順のヒント

💡 HINT

小さな路地にどんどん入ってみよう。素敵な建物やしゃれたお店、思わぬ出合いが楽しめる。疲れたら、蔵造りの建物のカフェで一服。

04 パンケーキ 918円〜 🛍

NAKAMACHI CAFÉ
なかまち かふぇ

蔵造りのシックなカフェで味わうスフレパンケーキとスペシャリティコーヒー（680円）。落ち着いた空間で贅沢な休憩のひとときを。

☎ 0263-50-6069／🕐 10:00〜18:00（17:00LO）／🈑木曜

05　散策 20分

ナワテ通り商店街
なわてどおりしょうてんがい

江戸期の城下町を再現した通りには、おもちゃ屋やせんべい屋など昔懐かしさを感じさせる店が50軒ほど並ぶ。日曜日の朝にはイベントも開催。

☎0263-35-7737
（ナワテ通り商業協同組合事務局）

06　見学 1時間

松本城
まつもとじょう

400年の歴史を誇る、現存する日本最古の五重天守。白の漆喰壁と黒の下見板張りの外壁も美しい。最上階からは松本市街、北アルプスの風景がすばらしい。

☎ 0263-32-2902／🕐 8:30〜17:00（GW、お盆 8:00〜18:00）／🈑 12/29〜31／💴 700円（松本博物館と共通）

07　見学 50分

重要文化財旧開智学校
じゅうようぶんかざいきゅうかいちがっこう

1876（明治9）年に建築された、八角塔楼を配した白亜の建物。館内では明治〜昭和の教科書や机、椅子などを展示する。

☎ 0263-32-5725／🕐 9:00〜17:00／🈑 第3月曜（12〜2月は月曜休、祝日の場合は翌日休）、12/29〜1/3／💴400円 ※2024年まで耐震工事のため休館

松本

見る＆歩く

中町・蔵シック館
なかまち・くらしっくかん

地図 p.57-D
松本駅から🚶10分

　宮村町にあった造り酒屋「大禮酒造」の母屋・土蔵・離れの3棟を移築し、一般公開している。母屋と土蔵は明治21年頃、離れは大正12年に造られたもので、豪快な梁組や座敷などは当時のままに復元をされている。母屋と離れが無料で見学できる。土蔵は喫茶店として利用されており、松本伝統家具が並ぶ店内で、日本庭園を眺めながらゆったりとお茶と和菓子（580円）が味わえる。

🎵 0263-36-3053、🎵 0263-87-7723（喫茶店）
🕐 9:00～17:00　喫茶店は10:00～17:00（11～3月は10:30～16:00）
🈺 年末年始　🈯 入場無料　🅿 なし

> **POINT** てくナビ／松本城へ向かう本町通りを、千歳橋を渡らずに手前の路地を右へ曲がると中町通りとなる。昔からの商家が軒を連ね、土蔵造りの建物が多く残る。建物を生かした店も多い。

松本市はかり資料館
まつもとしはかりしりょうかん

地図 p.57-D
松本駅から🚶10分

　「はかる＝測る、計る、量る」ことをテーマにした資料館。明治35年創業の竹内度量衡店の建物が資料館として公開されている。蔵造りの建物の中には上皿天びんや蚕の雌雄選別機、ローマはかりなど、国内外から集められたはかるための道具とその関連資料が展示されていて興味深い。

🎵 0263-36-1191　🕐 9:00～17:00（最終入館16:30）　🈺 月曜（休日の場合は翌日休）、年末年始　🈯 200円　🅿 なし

松本市時計博物館
まつもとしとけいはくぶつかん

地図 p.57-C
松本駅から🚶10分

　古時計の研究者であり技術者でもあった本田親蔵氏のコレクションを中心に、約600点の時計のうち動いているものを中心に110点を常設展示。時計の進化についての解説や、土曜・休日には蓄音機のミニコンサートも開催。

🎵 0263-36-0969　🕐 9:00～17:00（最終入館16:30）　🈺 月曜（祝日の場合は翌日休）
🈯 310円　🅿 なし

TEKU TEKU COLUMN

3つの「がく」都時計塔　　地図 p56

　松本市は歴史・文化・大自然の3つが共存する町。北アルプスの山々を有する「岳都」として、多くの登山者が行き交う。また、教育・学問の町「学都」でもあり、その象徴が明治時代に建築された重要文化財旧開智学校だ。音楽の町「楽都」としても知られ、毎年開催される「サイトウ・キネン・フェスティバル松本」は、多くの人が参加する音楽イベントとして高く評価されている。松本駅前には、田部井淳子や小澤征爾の言葉を碑に刻んだ、3つのがく都を記念した時計塔がある。

買う＆食べる

時代遅れの洋食屋 おきな堂

じだいおくれのようしょくや おきなどう

地図 p.57-D
松本駅から🚶10分

レトロな雰囲気の店内や、伝統の味を守り続けるメニューを、「時代遅れ」とユニークに表現する洋食屋。バンカラカツカレー（700円～）やオムライス（980円）、スパゲッティ（950円～）など、メニューも豊富に揃っている。

0263-32-0975
11:00～15:00LO、17:30～
21:00、日曜・祝日は11:00
～18:30、LOは30分前
第2・4水曜、12/29～31
提携あり

卯屋

うさぎや

地図 p.57-E
松本駅から🚶3分

信州の郷土料理が味わえる居酒屋。信州の地酒も揃っている。また信州産のシカやイノシシなどのジビエ料理もメニューに上がることも多く、リーズナブルに味わえるとあって人気となっている。信州サーモン刺身858円、松本山賊焼935円からラーメンまでメニューは多彩。

0263-36-2544
17:00～20:30LO
日曜、祝日
なし

珈琲 まるも

こーひー まるも

地図 p.57-D
松本駅から🚶15分

隣接する1868年創業の「まるも旅館」が営む喫茶店。松本の民芸家具に囲まれた店内はノスタルジーあふれる。天井のランプも趣がある。モーニングセット680円。

0263-32-0115
9:00～16:00
月・火曜　なし

そば処 もとき

そばどころ もとき

地図 p.57-B
松本城から🚶2分

そばの実の中心にある最もおいしいと言われる心拍のみを使った、打ちたて・茹でたてのそばが味わえる。穂高のワサビ、松本産のネギがそばの味を引き立てる。もりそば1人前（2枚）1350円。

駅前弁天

えきまえべんてん

地図 p.57-E
松本駅から🚶4分

駅前大通り沿いにある、創業1890（明治23）年の老舗そば処。井戸水を使って打つそばは風味豊か。もりそば（800円）や、鴨肉、ねぎを卵とじたつけ汁でそばを味わう鴨吸（1500円）がおすすめ。

0263-32-3158　11:00
～19:00　水曜
提携あり（40分無料）

レストラン鯛萬

れすとらんたいまん

地図 p.57-D
松本駅から🚌タウンスニーカー北
コース5分、🚏大名町下車🚶2分

松本を代表するフレンチの老舗。重厚な雰囲気のエントランス、シックでグレードの高い松本家具で仕切られたダイニングルームと、雰囲気も抜群。お昼のコース5500円～、ディナーコース1万3200円～と料理は高めだが、いずれも味は折り紙付きだ。

0263-32-0882　11:30～
14:00、17:00～21:00
水曜　8台

松本

開運堂
かいうんどう

地図p.57-C
松本駅から🥾8分

松本銘菓として名高い和菓子の老舗。鬼胡桃を真ん中にあしらった「これはうまい」(173円)、あっさりとした味の「手前味噌」(162円)などがある。

📞 0263-32-0506
🕐 9:00〜18:00
🈺 1/1　🅿 2台

coto.coto
ことこと

地図p.57-D
松本駅から🥾15分

10坪ほどの店内には、県内外の若手作家の作品が中心に並ぶ。歴史ある街に新しい作家の作品がうまく融合している。

📞 0263-34-4111
🕐 10:00〜17:30
🈺 水曜休　🅿 なし

山屋御飴所
やまやおんあめどころ

地図p.57-C
松本駅から🥾7分

1672（寛文12）年の創業から300年以上の歴史を持つ老舗あめ屋。店舗向かいの工場では、飴作りの現場を見ることができる。

📞 0263-32-4848
🕐 9:30〜17:30
🈺 水曜休　🅿 なし台

宿泊ガイド

アルピコプラザホテル	📞0263-36-5055／📍地図:p.57-E／💴Ⓢ6500円〜、Ⓣ1万500円〜 ●松本駅から🥾3分。レストランでは地産地消の料理が味わえる。
ホテルモンターニュ松本	📞0263-35-6480／📍地図:p.57-E／💴Ⓢ6000円〜、Ⓣ6550円〜 ●松本駅アルプス口から🥾1分。北アルプスなどの山岳展望が売り物。
ホテルニューステーション	📞0263-35-3850／📍地図:p.57-E／💴Ⓢ6800円〜、Ⓣ8000円〜 ●JR松本駅前、松本バスターミナルの真横に建ち、ビジネス客の利用も多い。
松本ツーリストホテル	📞0263-33-9000／📍地図:p.57-F／💴Ⓢ3800円〜、Ⓣ4350円〜 ●松本駅から🥾6分。男女入替制の大浴場あり。
ホテルブエナビスタ	📞0263-37-0111／📍地図:p.57-E／💴セミダブル1万2000円〜、Ⓣ1万9000円〜 ●客室はパステル調に統一され、アルプスの眺めがよい。
ホテルモルシャン	📞0263-32-0031／📍地図:p.57-E／💴Ⓢ5900円〜、Ⓣ6900円〜 ●松本駅から🥾2分。充実した設備と満足できる朝食の提供で評判が高い。
エースイン松本	📞0263-35-1188／📍地図:p.57-E／💴Ⓢ6000円〜、Ⓣ1万円〜 ●松本駅から🥾1分。ワイドベッドあり。宿泊者に朝食無料サービスあり。
松本ホテル花月 かげつ	📞0263-32-0114／📍地図:p.57-D／💴1泊2食付き1万7300円〜 ●松本駅から🥾15分。ロビーやレストランなどに松本の民芸家具を使用。
ホテル飯田屋	📞0263-32-0027／📍地図:p.57-E／💴Ⓢ6100円〜、Ⓣ9200円〜 ●駅の目の前にあり観光やビジネスに便利。あずさ割引券販売（繁忙期除く）。
プレミアホテル-CABIN- 松本	📞0263-38-0123／📍地図:p.57-E／💴Ⓢ6100円〜 ●松本バスターミナルの真横に立つ。ビジネス客の利用も多い。
ホテルウェルカム 松本	📞0263-32-0072／📍地図:p.57-E／💴Ⓢ4050円〜、Ⓦ4550円〜 ●風呂に磁気水を使うなど、水にこだわったホテル。松本駅から🥾2分。

乗鞍

乗鞍高原

エリアの魅力

登山
★
ハイキング
★★★★★
山の展望
★★★
温泉（宿泊）
★★★
温泉（立寄湯）
★★
花（5月下旬～）
★★★★

一の瀬園地をはじめ、散策コースやサイクリングロードは、起伏が少なく手軽に散策できる。手打ちそばの店にも行きたい。

観光の問い合わせ

のりくら高原観光案内所
☎0263-93-2147

交通の問い合わせ

アルピコ交通新島々営業所
☎0263-92-2511
アルピコタクシー
（松本営業所）
☎0263-75-1181
（沢渡営業所）
☎0263-93-2700

タクシー

新島々から鈴蘭まで約1万円。上高地からは約9500円。

平湯・高山方面からの場合は高山駅前の濃飛バスターミナルから平湯温泉行き特急バス（p.90参照）でさわんどバスターミナルで降り、そこからタクシーを利用。中平、番所を経由して鈴蘭まで約5500円。

秀嶺に囲まれた高原で
花と緑をめぐるハイキングを楽しむ

　標高1200～1500mに広がる、乗鞍岳を望む高原エリア。山の展望良く、なだらかな風景に開放感が感じられる。上高地や乗鞍山頂への宿泊地としても人気が高く、露天風呂を備えた宿も多い。

💡 HINT 乗鞍高原への行き方

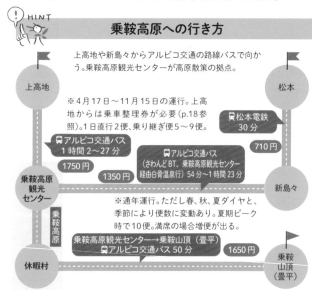

上高地や新島々からアルピコ交通の路線バスで向かう。乗鞍高原観光センターが高原散策の拠点。

上高地

※4月17日～11月15日の運行。上高地からは乗車整理券が必要（p.18参照）。1日直行2便、乗り継ぎ便5～9便。

🚌アルピコ交通バス
1時間2～27分
1750円

松本

🚃松本電鉄
30分
710円

🚌アルピコ交通バス
（さわんどBT、乗鞍高原観光センター経由白骨温泉行）54分～1時間23分
1350円

乗鞍高原観光センター

新島々

※通年運行。ただし春、秋、夏ダイヤと、季節により便数に変動あり。夏期ピーク時で10便。満席の場合増便が出る。

乗鞍高原

乗鞍高原観光センター→乗鞍山頂（畳平）
🚌アルピコ交通バス 50分
1650円

休暇村

乗鞍山頂（畳平）

※畳平～鈴蘭～新島々行きの時刻などはp.80参照

まわる順のヒント

Ⓐ三本滝入口へは バス通りを歩いて

♀ 三本滝へは1日10便程度のバスかタクシーを利用(約2500円)。徒歩だと乗鞍エコーラインを鈴蘭から片道2時間ぐらい。

Ⓑ高原散策は 乗鞍高原観光 センターから

乗鞍高原観光センター付近や休暇村に宿泊なら、一の瀬園地や牛留池、善五郎の滝を結ぶ散策路を歩くか、サイクリングがいい。

Ⓒ番所~楢の木坂に 宿泊なら このエリアを散策

徒歩や自転車利用で、番所大滝などが近い。鈴蘭方面へは急坂があるので、バスかタクシー利用で。

Ⓓ味の店は 番所周辺に集中

乗鞍高原観光センターから番所へは、タクシーで約1500円。番所大滝のほか、そばの店などが集まっているエリアだ。

TEKU TEKU COLUMN

レンタサイクルで 高原を走ろう

エコー乗鞍で貸し出している。鈴蘭を起点としたサイクリングマップをもらえる。一の瀬園地など、途中での乗り捨てはできない。鈴蘭から一の瀬園地と、鈴蘭~楢の木~一の瀬園地にサイクリングロードが整備されている。番所~鈴蘭エリアでは宿で貸し出しているところもある。※新型コロナウイルス感染予防のため、貸し出しを中止している。

エコー乗鞍
♪0263-93-2526
※データはp.75参照

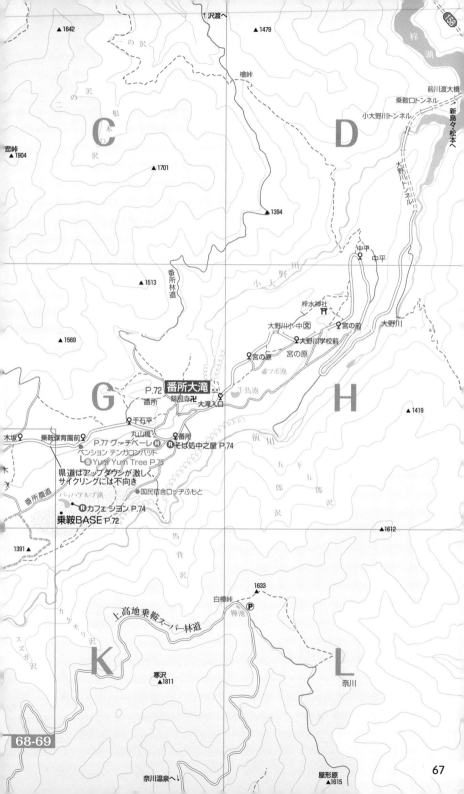

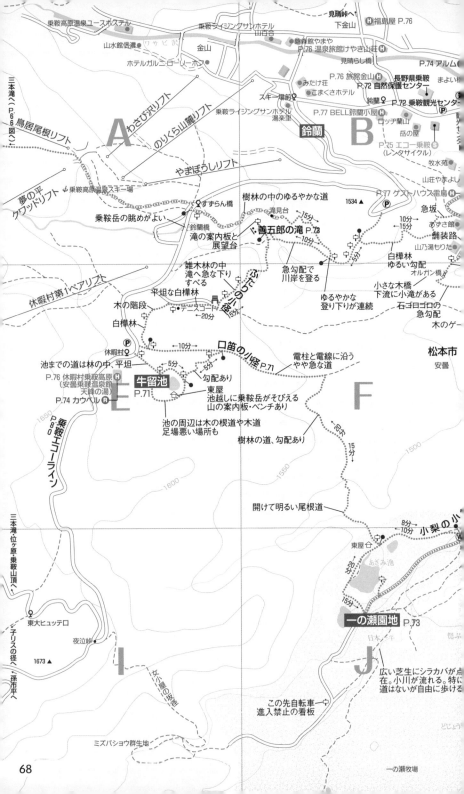

大樋鉱山跡　　　　　↑白骨温泉へ

P.74 カフェレストラン
ふきのとう　Ⓡ
♨楢の木坂

Ⓗ旅館こだま P.76
● 仙山乗鞍

P.77 美鈴荘 Ⓗ
旅館山栄荘

Ⓗ白樺の庄 P.77

新島々・松本へ→

⊥橋
♨乗鞍高原せせらぎの湯
♨♨せせらぎの湯

けむり館 P.73

C

▲1429

県道は起伏が激しく、
サイクリングには不向き

小大野川

D

楢の木橋
吊橋

楢の木橋

●オレンジ・ペコ

▲ならの木キャンプ場

番所農道

舗装された自転車・歩行者専用道。
乗鞍BASEへ向かってずっと下り

乗鞍BASE
P.72

サイクリングロード　🚲20分

🚲10分

⌚5
分

休憩用小園地　▲1466

番所原
⌚斜面上の平坦な道
足場悪い

木のゲート

白樺の小径 P.71

上高地乗鞍スーパ

⌚5分

サイクリングコース経由で乗鞍
高原観光センター〜一の瀬園
地は徒歩30〜40分。ゆるやか
な起伏のある舗装道で、所々
にベンチや東屋がある

未舗装
番所へ向かって下り

🚲10分

番所
↑30
分

開けたシラカバ林の
ゆるやかな道

大曲池

H

芝の斜面
一の瀬園地へゆるい下り

⛩東屋

🚲20分

芝と白樺の園地と野営場

Ⓟ
● 野営場

サイクリングロード

舗装された自転車・歩行者専用道。
乗鞍BASEへ向かってずっと下り

しらかばの広場

一の瀬川

1400

2瀬橋

バーベキュー広場

K

前川

スズガ沢

の池

1400

若沢

L

N

=ハイキング用
　遊歩道

=自転車・歩行者
　専用道

⌂=案内板

🛋=ベンチ・休憩所

鈴蘭・一の瀬園地

1:12,000

0　　　　　200m

周辺広域地図 P.66-67

↓白樺峠・奈川温泉へ

特選ネイチャーWalking ❷

乗鞍高原

なだらかに起伏する乗鞍高原の自然をめぐる2コース。
滝と森林と草原、そして乗鞍岳の雄姿を眺める充実し
た高原歩きだ。

三本滝と善五郎の滝 さんぼんだきとぜんごろうのたき

地図 p.66-E、F、I、J

| 三本滝入口 | 25分 → | 三本滝 | 1時間15分 → | 善五郎の滝 | 25分 → | 乗鞍高原観光センター |

　小大野川にかかる2つの滝を訪ねる観瀑
コース。出発点は乗鞍高原観光センターに
限らないが、1日10本ほどある乗鞍畳平行
きのバス（時刻はp.80参照）に乗って、三本
滝バス停で降りる。乗鞍高原観光センター
からタクシーだと約2500円。バス停前に
は駐車場と三本滝レストハウスがあり、レ
ストハウスの左手から三本滝へのコースが
始まる。

●三本滝への道　樹林の中の山道を下ると、
鈴蘭方面へ下る道の分岐点に出て道標があ
り、滝へは左に進む。小大野川を吊り橋で渡
るが、橋下にも滝がある。吊り橋からわずか

で三本滝の案内板が
あり、あとひと登り
すると三本滝が全容
を現す。中央の小大
野川本流と右手の黒
い沢、左手の無名沢
がそれぞれ50〜60m

広がりのある三本滝

の滝となって落下し、
合流する珍しい滝だ。周囲はコメツガ、シラ
ビソ、カツラなどの樹林に覆われ、神秘的な
雰囲気がただよう。ここから先程の鈴蘭への
分岐点までもどり、左へ下っていく。

　小大野川をすぐ渡り、左岸に沿って下り
続けると、やがて明るいカラマツ林となり、

大イワナの伝説を秘める善五郎の滝

道も広くなって草原に出る。振り返れば乗鞍岳が空に高い。乗鞍第2ペアリフト乗り場になる建物を見て、その後ろを右へ下れば乗鞍エコーラインのバス道路に出る。右手には鈴蘭橋が架かり、乗鞍岳の眺めがいい。

●**エコーラインから善五郎の滝へ**　先の歩道に入れば、明るい林の中を下り、10分たらずで善五郎の滝の滝見台につく。この滝は三本滝、番所大滝とともに乗鞍三大滝のひとつ。幅約10m、落差約30m、乗鞍岳をバックに一気に落下する滝だ。滝見台から10分も行くと、左に県道沿いの駐車場への道を分け、右に下っていく。ほどなく舗装の車道へ出て、旅館などの建物が見える。ここから左へ行けば10分ほどで乗鞍高原観光センターのバス停へつく。また右に行けば一の瀬園地へとウォーキングコースが続く。

一の瀬園地から牛留池へ
いちのせえんちからうしどめいけ

地図 p.66-J、68-69

  ♀乗鞍高原観光センター → 40分 一の瀬駐車場 → 45分 牛留池 → 5分 休暇村乗鞍高原

●**滝見橋から一の瀬園地へ**　前のコースで舗装道に出た地点から右へ行くと、山乃湯もりたなどの建物を見て、また山道へ入ってゆく。すぐに、オルガン橋を渡るが、この橋の下には小さな滝が見られる。その先で家畜などが通れないよう工夫された木柵をくぐり、「白樺の小径（しらかばのこみち）」と呼ばれる明るい林の中の道をたどる。草地が現れ、シラカバが目立つようになって、どこか自然の庭園を思わせる風景に変わると、も

うーの瀬園地の一角で、やがて左下に車道が見え、一の瀬駐車場に到着する。

●**一の瀬園地から牛留池への道**　駐車場からキャンプ場の方へ進むと、左手は牧場となって、草原の中にあずま屋が点在。道の先にはキャンプ場やミズバショウ群生地があるが、途中、右手に道標を見て山道に入る。ここから

あざみ池への標識

は登り道である。やや急な坂を登ると六角形のあずま屋があり、ここでミズバショウが咲くあざみ池への道が左へ分かれている。左に進むと、あざみ池の周囲を一周することができる。右に進むと林道を抜け、その先はゆるい登りが続き、途中から細い電柱に沿っていくようになる。「口笛の小径（こみち）」と呼ばれる道で、登りきると牛留池（うしどめいけ）は近い。ゆるやかな坂道を越えると現れるのが通称「ねじねじの木」、チョウセンゴヨウマツという松の木だ。

牛留池は楕円形の池で、乗鞍岳を望む小屋が建ち、池を一周する道がある。めずらしい昆虫や植物も生息し、高原を代表する池だ。ここからバス停のある休暇村乗鞍高原まではわずか5分ほどの道のりである。

乗鞍岳を水面に映す牛留池

番所大滝

ばんどころおおたき

地図p.67-G

🚏 大滝入口下車 🚶5分

　前川渡で上高地方面へ向かう国道158号線と別れた乗鞍高原へのバスは、大きく屈曲しながら上りにかかる。乗鞍高原の入口にあるのが番所大滝である。乗鞍岳東面の水を集める小大野川に落下し、40mという乗鞍高原随一の落差をもつ滝だ。バス停前から折れ曲がった階段を下ると、目の前に現れる大滝は水量豊かにごうごうと水を落下させて迫力満点。展望地点にはあずまやがあり、滝のしぶきを避けながら観賞することができる。

乗鞍BASE

のりくらべーす

地図p.67-G、69-D

🚏 番所下車 🚶20分。

🚏 乗鞍高原観光センターから自転車で20分

　旧いがやレクリエーションランドが名称を変えてリニューアルオープン。自然の中で、オートキャンプ場やアドベンチャーパークなどの施設があり、キャンピング、マウ

ンテンバイクやフィールドアスレチックなどが楽しめる。カフェ シヨン(p.74参照)など食事施設もある。

📞 0263-88-0300

🕐 9:00～17:00(一部施設は異なる)

🈺 火曜(GW、夏休みは無休)、10月下旬～4月

💴 入園無料(各種体験等は有料)

🅿 130台

乗鞍観光センター

のりくらかんこうせんたー

地図p.66-F、68-B

🚏 乗鞍高原観光センター下車すぐ

　乗鞍エコーラインと上高地乗鞍スーパー林道の交差する十字路にある、乗鞍観光の拠点。おみやげコーナー、喫茶、食堂、トイレなどの施設がある。のりくら高原観光案内所(9:00～17:00。冬期は～16:30)もあり、パンフレットや周辺の地図を置いている。

のりくら高原観光案内所 📞 0263-93-2147

🕐 8:00～17:00

🈺 不定　💴 入館無料　🅿 200台

長野県乗鞍自然保護センター

ながのけんのりくらしぜんほごせんたー

地図p.66-F、68-B

🚏 乗鞍高原観光センター下車すぐ

観光センターのそば、公共駐車場に隣接

する場所にある。乗鞍岳と乗鞍高原に生息する動物、植物、地理、ここに暮らす人々の生活や文化についての展示があり、立体模型や岩石標本などを使ってわかりやすく解説されている。自然や観光ポイントを紹介したパンフレットもある。スタッフによる館内案内をしてくれることもあり、夏期には自然観察会も催される。冬期は休館。

☎ 0263-93-2045
🕐 9:00〜17:00（4月中旬〜11月中旬開館）
🈳 水曜（祝日の場合は開館。夏休み期間は無休）
💴 入館無料 🅿 80台

一の瀬園地
いちのせえんち

地図p.66-J、68-J
🚶 休暇村から遊歩道利用🚶30分。
🚶 乗鞍高原観光センターから🚶40分

　休暇村の東南、鈴蘭の南の標高1500m地帯に広がる山の園地。シラカバやスモモの木に囲まれた緑の草原はゆるやかな起伏に富み、湿原も点在して、散策によい。春から秋にかけて季節おりおりの眺めを楽しめる。とくに4月下旬〜5月中旬のミズバショウ、初夏のスズラン、コナシ、さらにあたり一面を紅に染めるレンゲツツジは見事。夏のヤナギランやマツムシソウなどの花と緑、秋の紅葉・黄葉もまた風情がある。

　食堂があり（p.75参照）バーベキューが楽しめるほか、奥には牧場、一の瀬キャンプ場などがある。

POINT
てくナビ／徒歩の場合は休暇村、鈴蘭のどちらからも30〜40分のウォーキングコースで、観光センター前からは林道に並行したサイクリング道路を行くと、樹林の中、ゆるやかにアップダウンが続く。

善五郎の滝
ぜんごろうのたき

地図p.66-F、68-B
🚶 すずらん橋から🚶15分

　標高約1500mの地点にあり、幅約10m、高さは約30mもある、乗鞍三名滝のひとつ。火山から流れ出た溶岩が崖になりできたといわれる。滝つぼで釣りをしていた木こりの善五郎が、巨大な岩魚に滝つぼに引きずり込まれそうになったという伝説が残る。善五郎の滝駐車場から歩いて約10分の場所にある展望台からも一望でき、展望台から約5分ほど下りれば滝の直下へ行ける。

湯けむり館
ゆけむりかん

地図p.66-F、69-C
🚶 乗鞍高原観光センター下車すぐ

　観光センターの近くにある日帰り温泉施設。周囲は白樺やカラマツの林が広がり、乗鞍岳中腹に自然湧出した白いにごり湯の温泉が湯舟に注ぎ込んでいる。内湯のほか、男女ともに露天風呂もあり、湯舟から乗鞍岳を望むことができる。露天風呂は空の色が反映され、晴れた日には青白く、曇りの日には乳白色に見える。休憩室や足湯（夏期）のほかにレストランプリマベラもあり、パスタや窯焼きピザを食べられる。

☎ 0263-93-2589
🕐 10:00〜20:30（入館は〜20:00）
🈳 火曜（4月上旬〜中旬、12月上旬に長期休館あり） 💴 入浴料730円 🅿 60台

買う＆食べる

番所／そば

そば処中之屋
そばどころなかのや

地図 p.67-G
🚶 番所から🚶1分

　地元産の挽きぐるみのそば粉で打つ、色黒の皿盛りのそばが特徴。もりそばセット1400円、イワナ、ヤマメの笹焼きが付いたそば定食（松）2600円。味噌で魚体を田楽にして笹で包み焼いているので、魚の旨みが逃げずに風味がある。

📞 0263-93-2152
🕐 11:00～15:00
🈺 月2回木曜
　（祝日の場合は営業）
💴 そば750円～　🅿 20台

乗鞍BASE／カフェ・軽食

カフェ シヨン

地図 p.67-G
🚶 番所から🚶25分

　乗鞍BASEにあるカジュア

ルな雰囲気なカフェ。コーヒーやサンドイッチなど簡単な軽食がとれるので、遊び疲れてちょっとした休憩のときなどに利用したい。カフェでは、近くのばんどこファーム製のマドレーヌやパウンドケーキ、夏の定番ソフトクリームも販売している。

📞 0263-88-0300
🕐 10:00～16:00
🈺 乗鞍BASE (p.72) 開園時に営業
💴 喫茶350円～
🅿 乗鞍BASEの🅿を利用

休暇村／レストラン

カウベル

地図 p.68-E
🚌 平湯バスターミナルから🚶5分

　休暇村乗鞍高原（p.76）のレストランで、宿泊者以外も利用できる。営業はランチのみだが、A5ランクの飛騨牛ステーキ、信州ポーク、信州黄金シシャモなど、地元素材を使ったメニューが揃う。信州黄金シシャモを使ったローカルグルメの山賊焼を、乗鞍岳に見立てた盛り付けた山賊丼セット、ランチ限定10食。また休暇村には、立ち寄り温泉施設「天峰の湯」（700円）もあるので、ともども利用してリフレッシュを。

📞 0263-93-2304
🕐 11:30～13:30LO
🈺 無休
💴 カツカレー1340円
🅿 400台

楢の木坂／レストラン

カフェレストラン ふきのとう

地図 p.69-D
🚶 楢の木坂から徒歩2分

　手作りケーキやパフェなどのスイーツ、ボリュームたっぷりの定食を味わえる、山小屋風の外観と木造りの店内が特徴のカフェレストラン。馬肉を使ったさくらステーキ定食（1500円）は、脂身が少なく、クセもなくてさっぱり。ほかにもカレーや麺類、ピザ、チーズフォンデュなども。

- ☎ 0263-93-2523
- 🕐 9:00〜21:00
- 🈺 火曜(8月は無休)
- 💰 コーヒー400円
- 🅿 6台

乗鞍高原観光センター／軽食

アルム

地図p.68-B
📍 乗鞍高原観光センターから🚶1分

　乗鞍観光センター近くのプチホテルアルム(1泊2食付き1万3750円〜)併設のレストランで、地元の素材を使った料理が自慢。春は地元の山菜、夏や秋は季節野菜が乗ったとろ〜りチーズいっぱいのアルム風ピザ970円や、オーナー自ら打つ手打ちそば1人前1100円は、この店ならではの味。ボリュームたっぷりのステーキ丼や、手作りケーキなどもおすすめ。

- ☎ 0263-93-2951
- 🕐 11:00〜14:00
  　ディナーは要予約
- 🈺 火・水曜
- 💰 ピザ970円〜
- 🅿 15台

番所／バームクーヘン

Yum Yum Tree
やむやむつりー

地図p.67-G
📍 乗鞍保育園前から🚶すぐ

　番所の県道沿い、ペンションテンガロンハット内にある、手作りバウムクーヘンの専門店。松本のブランド卵や種子島産の安納芋を使うなど、素材にこだわり、一層一層丁寧に巻き付け焼いたバウムクーヘンは、しっとりした優しい味わい。オープンテラスのイートインコーナーもある。おすすめの天空バウム ノリクラはSサイズ860円〜。

- ☎ 0263-93-2360
- 🕐 9:00〜17:30
- 🈺 水曜(祝日の場合は営業)
- 💰 バウムクーヘンカット500円〜、コーヒー350円
- 🅿 10台

乗鞍高原観光センター／おみやげ

エコー乗鞍
えこーのりくら

地図p.66-F、68-B
📍 乗鞍高原観光センターから🚶1分

　乗鞍観光案内所の近くにあるみやげ店で、漬け物や信州そばなど乗鞍の特産品が、一堂に揃っている。乗鞍高原に自生している「山すもも」の果実を使ったオリジナルのジャムは、ここでしか販売していない限定品。爽やかな酸味と甘酸っぱさは、パンにつけるだけでなく、ヨーグルトのトッピングにもよく合う。

- ☎ 0263-93-2526
- 🕐 8:00〜19:00(8月は〜20:00、11〜4月は8:30〜18:30)
- 🈺 不定
- 🅿 20台

乗鞍

泊まる

乗鞍高原の宿泊施設は、バスが走る乗鞍エコーラインに沿って宮の原〜番所〜楢の木坂〜鈴蘭と散在している。旅館、ペンション、民宿など軒数は100軒以上と多く、シーズンでも宿確保に苦労しない。ほとんどの宿で天然温泉の風呂に入れるのも乗鞍高原の特徴。宿泊料金も手ごろで、上高地散策の宿泊拠点にも便利だ。

休暇村／公共の宿
休暇村乗鞍高原
きゅうかむらのりくらこうげん

地図p.66-I、68-E
♀休暇村からすぐ

乗鞍観光の重要な拠点で、高原リゾートにふさわしい施設。温泉の「天峰の湯」は休暇村内に源泉のある天然温泉。トレッキングなどがセットのプランあり。「温泉館」のレストランカウベル(p.74)は、宿泊客以外でもランチ利用できる。

- ♪ 0263-93-2304
- ¥ 1泊2食付き1万3000円〜
- ℹ 70室／立ち寄り湯700円

鈴蘭／旅館
福島屋
ふくしまや

地図p.68-B
♀鈴蘭から🚶3分

シラカバやカラマツに囲まれた、静かな地に建つ。自慢のお風呂は自然湧出の乳白色の湯で、源泉掛け流し。信州名物の霜降りの馬刺し、山菜やきのこなど天然の食材や自家菜園でとれた野菜をたっぷり取り入れた手作り料理は、体にやさしく染み渡る。

- ♪ 0263-93-2229
- ¥ 1泊2食付き9500円〜
- ℹ 12室／立ち寄り湯440円

鈴蘭／旅館
旅館金山
りょかんかなやま

地図p.68-B
♀鈴蘭からすぐ

BELL鈴蘭小屋と向かい合う位置に建つ。同じく乗鞍開発の歴史を担った老舗。総サワラ造りの温泉風呂は木の香りに満ちており、白濁した湯を掛け流しで楽しむことができる。湯上り処にはお茶が用意されている。冬期はスキーと温泉を堪能できる宿だ。

- ♪ 0263-93-2256
- ¥ 1泊2食付き1万1000円〜
- ℹ 12室／露天風呂あり

鈴蘭／旅館
温泉旅館けやき山荘
おんせんりょかんけやきさんそう

地図p.68-B
♀鈴蘭から🚶2分

110年以上の歴史を持つ造り酒屋の母屋を移築した建物。太い柱や梁のすべてにケヤキが使われており、重厚な雰囲気だ。内部の造作や温泉、食堂も民芸風で統一されている。木曽桧造りの天然温泉の内湯と古代桧造りの露天風呂があり、木の香りが心地いい。露天風呂はもうひとつある。

- ♪ 0263-93-2555
- ¥ 1泊2食付き1万1800円〜
- ℹ 15室／露天風呂あり

鈴蘭／旅館
旅館こだま
りょかんこだま

地図p.69-C
♀コロナ連絡所前から🚶1分

乗鞍周辺の観光にも便利な鈴蘭地区に建つ宿。自慢の料理は信州の食材と旬の食材が中心。和牛鉄板焼き付きプラ

ンなど、料理重視の宿泊プランも人気が高い。風呂は雰囲気たっぷりの内湯と、自然にとけ込み森林浴気分の味わえる貸切露天風呂がある。素泊まりや朝食付きプランも。

♪ 0263-93-2708
¥ 1泊2食付き1万1500円～
ⓘ 9室／貸切露天風呂あり

だ。禁煙と客室にテレビのない宿としても有名。

♪ 0263-93-2001
¥ 1泊2食付き新館1万950円～
ⓘ 12室／立ち寄り湯500円

天然のキノコ鍋が名物。素泊まりや朝食付きプランもある。

🆓 0120-45-2330
¥ 1泊2食付き9350円～
ⓘ 22室／立ち寄り湯500円

鈴蘭／ペンション

カントリーハウス渓山荘
かんとりーはうすけいざんそう

地図p.66-F
♀ 鈴蘭から🚶6分

　スキー場の近く、小高い丘の上に建つ山荘風のペンション。乳白色の温泉で内湯が2つ、貸切もできる露天風呂が2つある。果実酒とカントリースタイルのディナーも味わい深い。ドリンクのサービスあり。

♪ 0263-93-2221
¥ 1泊2食付き1万1500円～
ⓘ 10室／貸切露天風呂あり

楢の木坂／旅館

白樺の庄
しらかばのしょう

地図p.69-D
♀ 楢の木坂からすぐ

　ログハウスの内湯、檜造りと岩造り、2カ所の貸切露天風呂など、自慢の温泉をさまざまに楽しめるのが魅力。旬の食材を使った料理も美味。

♪ 0263-93-2357
¥ 1泊2食付き
　新館1万1000円～
ⓘ 14室／貸切露天風呂あり

 鈴蘭／旅館

ゲストハウス雷鳥
げすとはうすらいちょう

地図p.68-B
♀ 乗鞍高原観光センターから🚶10分

　素泊まり専門のゲストハウス。ゲストキッチンがあり朝食は材料費（650円）を払ってセルフで。持込みもOK。

♪ 0263-93-2746
¥ 素泊まり6500円～、
　ドミトリー4000円～
ⓘ 9室／露天風呂あり

 鈴蘭／旅館

BELL鈴蘭小屋
べるすずらんごや

地図p.66-F、68-B
♀ 鈴蘭からすぐ

　乗鞍岳開発の歴史を担った山小屋。小屋という名前だが高原にふさわしいアルペン風の建物で、天然温泉の内風呂と露天風呂（冬期クローズ）もあり、乳白色の掛け流しの湯

楢の木坂／旅館

美鈴荘
みすずそう

地図p.69-D
♀ 楢の木坂からすぐ

　内湯付き露天風呂、別棟にある内湯付き貸切露天風呂（30分1050円）で乳白色の天然温泉を24時間楽しめる。5～6種類のキノコと海産物を醤油ベースの出汁でいただく

 番所／ペンション

グーテベーレ

地図p.67-G
♀ 番所から徒歩2分

　三角屋根のプチホテル。乗鞍岳を望める檜造りの内湯付き露天風呂が自慢。雲のない日の夜なら満天の星空を眺められる。手作り料理も楽しみ。

♪ 0263-93-2527
¥ 1泊2食付き1万5000円～
ⓘ 14室／露天風呂あり

白骨温泉

観光の問い合わせ

信州 白骨温泉 観光案内所
☎0263-93-3251

交通の問い合わせ

アルピコ交通新島々営業所
☎0263-92-2511

乗鞍山麓の谷合いに点在する
露天風呂自慢の温泉宿

　深山に抱かれるように、静かなたたずまいの宿が点在する温泉地。上高地と乗鞍の間に位置するためハイカーの宿泊地として人気が高いが、秘湯ならではの雰囲気に引かれ、宿泊や自然にあふれる露天風呂を旅の重要な目的にしている旅行者も多い。

TEKU
TEKU
COLUMN

**不思議！
白骨温泉の湯**
　ここは乳白色の湯が有名だが、実は湧きだしたときの湯は透明で、空気に触れると白色に変化する。この現象は、湯に含まれる硫化水素（硫黄分）とカルシウム成分（石灰質）の酵素との化学変化によるもの。また、ここの湯は飲むこともできる優れものだ。

胃にもやさしい名物の温泉粥

!HINT

白骨温泉への行き方

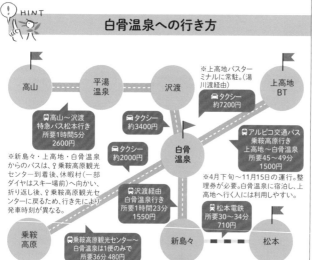

※上高地バスターミナルに常駐。(湯川渡経由)

🚖タクシー
約7200円

🚌高山～沢渡
特急バス松本行き
所要1時間5分
2600円

🚖タクシー
約3400円

🚖タクシー
約2000円

🚌アルピコ交通バス
乗鞍高原行き
上高地～白骨温泉
所要45～49分
1500円

※新島々・上高地・白骨温泉からのバスは、♀乗鞍高原観光センター到着後、休暇村（一部ダイヤはスキー場前）へ向かい、折り返し後、♀乗鞍高原観光センターに戻るため、行き先により発車時刻が異なる。

🚌沢渡経由
白骨温泉行き
所要1時間23分
1550円

※4月下旬～11月15日の運行。整理券が必要。白骨温泉に宿泊し、上高地へ行く人には利用しやすい。

🚌松本電鉄
所要30～34分
710円

🚌乗鞍高原観光センター～
白骨温泉は1便のみで
所要36分 480円

見る＆歩く

白骨温泉公共野天風呂
しらほねおんせんこうきょうのてんぶろ

地図p.66-B
♀白骨温泉下車🚶すぐ

　白骨温泉のバス停は観光案内所の前にある。案内所の斜め向かいに「湯」と書かれた門があり、これが公共の野天風呂の入口だ。谷に下ると湯川に面して男女別の野天風呂が湯煙を立て、渓谷のせせらぎを聞きながら入浴を楽しめる。新緑や紅葉の時期はことにすばらしい眺めとなる。

📞 0263-93-3121（白骨温泉観光案内所）
🕐 10:00～16:00
🈲無休（4月下旬～11月下旬営業）
💴 入浴料 520円　🅿30台

竜神の滝
りゅうじんのたき

地図p.66-B
♀白骨温泉から🚶5分

　観光案内所から沢渡方面への道を少し下った右手に、緑のコケの上を滑るように流れる幾すじもの滝が見られる。竜がおどるような優美な姿が美しく、紅葉の季節にはあざやかな彩りが見られる。

噴湯丘と球状石灰岩
ふんとうきゅうときゅうじょうせっかいがん

地図p.66-B
♀白骨温泉から🚶8分

　白骨温泉の湯は、炭酸石灰を多く含んでおり、温泉の噴出口周囲に沈殿物が付着する。それが長い年月とともに多量に重なって噴湯丘となる。この沈殿物の中に、世界的にもたいへん珍しい球状石灰石が含まれ、国の天然記念物に指定されている。噴湯丘があるのは白船グランドホテル前の道路右手と丸永旅館の裏手。

乗鞍

宿泊ガイド

しらふね 白船グランドホテル	📞0263-93-3333／♀地図:p.66-B／💴1泊2食付き1万6950円～ ●展望大浴場には大きな窓が配され、大自然が一望のもと。露天風呂あり。
ゆもとさいとうりょかん 湯元齋藤旅館	📞0263-93-2311／♀地図:p.66-B／💴1泊2食付き1万8700円～ ●江戸時代から続く老舗。『大菩薩峠』の作者・中里介山も滞在した。
さんすいかん　ゆがわそう 山水観　湯川荘	📞0263-93-2226／♀地図:p.66-B／💴1泊2食付き1万6350円～ ●貸切露天風呂は無料で利用可能。朝食の温泉粥も味わい深い。
あわ　ゆ 泡の湯	📞0263-93-2101／♀地図:p.66-B／💴1泊2食付き新館2万1750円～ ●大露天風呂が有名で、混浴だが不透明な湯なので女性にも人気。
ゆ　まるながりょかん かつらの湯 丸永旅館	📞0263-93-2119／♀地図:p.66-B／💴1泊2食付き1万5400円～ ●温泉が噴出し、流れた跡が残る「噴湯丘」を見ることができる珍しい宿。
しらふねそう しんたくりょかん 白船荘 新宅旅館	📞0263-93-2201／♀地図:p.66-B／💴1泊2食付き1万7600円～ ●慶応年間創業の老舗で、男女別の露天風呂や家族風呂が人気。
こなし　ゆ　ゆざさや 小梨の湯笹屋	📞0263-93-2132／♀地図:p.66-B／💴1泊2食付き2万3100円～ ●江戸時代末期の民家を再生した囲炉裏の間で、食事ができる（要予約）。

乗鞍山頂（畳平）

エリアの魅力

ハイキング
★★★★★
山の展望
★★★★★
花
★★★

バスで標高2700mへ。高山植物や、北アルプスの展望を労せずして堪能できる。

観光の問い合わせ

飛騨乗鞍観光案内所
☎0577-78-2435

交通の問い合わせ

濃飛バス予約センター
☎0577-32-1688
平湯温泉バスターミナル
☎0578-89-2611
アルピコ交通新島々営業所
☎0263-92-2511

標高2700mから
雲海を望むハイキング

　乗鞍岳は標高3026mの剣ヶ峰を主峰に、多くの峰が連なるコニーデ型の休火山で、乗鞍エコーライン、乗鞍スカイラインの2つの山岳展望道路でアクセスできる。畳平を起点に、お花畑のハイキングから剣ヶ峰への登山までレベル別に楽しめる。

HINT

乗鞍山頂への行き方

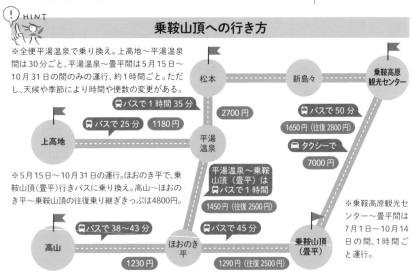

※全便平湯温泉で乗り換え。上高地〜平湯温泉間は30分ごと、平湯温泉〜畳平間は5月15日〜10月31日の間のみの運行、約1時間ごと。ただし、天候や季節により時間や便数の変更がある。

松本　—　新島々　—　乗鞍高原観光センター

2700円

バスで1時間35分

バスで25分　1180円

上高地　　平湯温泉

バスで50分
1650円（往復2800円）

タクシーで
7000円

※5月15日〜10月31日の運行。ほおのき平で、乗鞍山頂（畳平）行きバスに乗り換え。高山〜ほおのき平〜乗鞍山頂の往復乗り継ぎきっぷは4800円。

平湯温泉〜乗鞍山頂（畳平）は
バスで1時間
1450円（往復2500円）

※乗鞍高原観光センター〜畳平間は7月1日〜10月14日の間、1時間ごと運行。

バスで38〜43分

高山　　ほおのき平　　乗鞍山頂（畳平）

1230円

バスで45分
1290円（往復2500円）

※乗鞍岳の全面マイカー規制により、畳平へはバスかタクシーでしか行けない。岐阜県側は平湯温泉あかんだな駐車場（地図p.20-G）か、ほおのき平駐車場（地図p.120-J）から。乗鞍、長野県側は乗鞍高原観光センター（地図p.68-B）から。

はじめの一歩

●魔王岳登り口の看板
魔王岳へはここから。空気が薄いのでゆっくりと。

●トイレ
利用時に美化協力金を入れるしくみ。乗鞍バスターミナルと乗鞍山頂銀嶺荘のトイレは、有料で100円。

魔王岳へ↗
●魔王岳登り口の看板

乗鞍スカイラインへ↗

乗鞍山頂郵便局
乗鞍山頂銀嶺荘 P.86
1F売店・有料トイレ
2F食堂・宿泊施設
乗鞍本宮神社 P.81・
売店

畳平
駐車場

●バス乗り場

濃飛バス窓口

●アルピコ交通バス窓口

観光案内所
(i)　待合室

1F売店
2F**乗鞍食堂**　乗鞍
P.86　バスターミナル

↓お花畑へ

●売店
畳平からハイキングする場合は、周辺の売店で水を確保してから出かけよう。

タクシー

アルピコタクシー(沢渡)
♪0263-93-2700
宝タクシー(平湯温泉)
♪0578-89-2631

タクシーで向かう

　乗鞍高原観光センター近くの営業所は台数が少なく、ハイシーズンは予約をしないと乗れないこともあるので、注意が必要だ。

乗鞍スカイライン

見る & 歩く

乗鞍本宮神社
のりくらほんぐうじんじゃ

地図 p.85-B
乗鞍バスターミナルからすぐ

　天照大神をはじめ、山水木の四祭神を祭る神社。本宮は剣ヶ峰頂上にある。100年以上の歴史を持つ、登山者の安全祈願社だ。1階は参拝関連品の直営売店とカフェスペース。

鶴ヶ池
つるがいけ

地図 p.85-B
乗鞍バスターミナルから🚶2分

　乗鞍バスターミナルの東側にある小さな池。上から見ると首の長い鶴のような形を

していて、周辺の山から眺めるとよく目立つ。池の周辺には高山植物も多く見られ、夏にはウサギギクやヨツバシオガマなどさまざまな花が咲く。

乗鞍

TEKU TEKU COLUMN

乗鞍スカイラインの起点・丹生川
にゅうかわ

　高山・奥飛騨温泉郷方面から乗鞍スカイラインで乗鞍畳平にアクセスする場合、起点となる場所が丹生川。由緒ある寺やコスモス畑などの名所が点在している。立ち寄りたいのが飛騨大鍾乳洞。長い年月を経て作り出された自然の芸術・鍾乳洞はライトアップされ、幻想的な雰囲気だ。帰りには立ち寄り湯の「飛騨にゅうかわ温泉宿儺の湯ジョイフル朴の木 ♪0577-79-2109」で汗を流すのもよい。
地図p.120-J

乗鞍畳平周辺

標高3026mの乗鞍岳最高峰、剣ヶ峰は本格的な登山の世界だが、乗鞍畳平周辺には高山の花や展望を楽しめる手軽なコースがたくさんある。

お花畑めぐり

- ●所要40分
- ●見どころ…高山の花々
- ●地図…p.85-A、B

乗鞍バスターミナルのあるところは畳平と呼ばれ、標高は2740m。3000m級の山の一部であることを考慮して、短時間のウォーキングであっても、装備や持ち物に注意が必要だ。山の天気は非常に変わりやすい。歩き始めには晴れていても、一瞬のうちにガスが広がり雨が降り始める…ということもよくあるので、雨具は必ず持参を。また、

3000m級の高さでは夏でも厳しく冷え込むことがある。厚手の長袖シャツや上着は夏でも持ち歩くようにしたい。初夏は残雪があり、一般的には7月中旬から10月上旬ぐらいまでが登山・ハイキングの適期だ。

●**快適な木道歩き** 乗鞍バスターミナルの裏手の窪地に、高山植物の花畑を一周する遊歩道が整備されている。初夏から初秋にかけて、180種以上の可憐な草花を楽しむことができる。バスターミナルから富士見岳方面への道標に従い、階段を下っていくと、すぐに富士見岳とお花畑への分岐となるので、右に曲がる。分岐点に雷鳥の碑がある。

お花畑の中は木道がしっかりと整備されていて歩きやすい。歩いているときには、この木道から絶対にはずれないようにすること。一度踏み荒されてしまった植物は、回復するのにとても長い時間がかかる。厳しい環境の中で一生懸命に咲く草花を大切にし

7月下旬から8月上旬が花の最盛期。白や黄色の花が一面に咲き乱れる

広い草原がのびやかな雰囲気を見せる畳平のお花畑。右が恵比須岳2831m、左が里見岳2824m

たい。

●**高山植物の宝庫**　例年の花の見頃は6月
〜8月、多くの種類が見られるのは7月中
旬から8月上旬にかけてだ。純白のハクサ
ンイチゲやチングルマ、陽光を受けて輝く

ミヤマキンポウゲ、高山植物の女王とも称
されるクロユリなどが、次々に咲く。

　もっとも、花の最盛期はその年の気候や
残雪の具合などによって大きく異なる。と
くに花を目当てに訪れるなら、事前に開花
状況の問い合わせをしてから出かけたい。

目にも鮮やかなミヤマキンポウゲ（上）
とお花畑で目立つチングルマ（下）

ヨツバシオガマ

ハクサンイチゲ

畳平から30分で登れる大黒岳は絶好の御来光ポイント

ちょこっと山歩き

●見どころ…360度の大展望
●地図…いずれも p.85-B、D

　展望や山の花を楽しめる、畳平から30〜40分で登れる山もある。高低差もなく歩く時間も短いが、標高が高く空気も薄いので、登っていると息苦しさを感じることがある。意識してゆっくりと歩くとよい。

魔王岳
（まおうだけ）

🚶 畳平から往復30分

　畳平バスターミナルから最も近い展望ポイント。山頂までは登り20分、畳平バスターミナルの脇から伸びる、段差が大きく急な階段を鶴ヶ池や亀ヶ池を見下ろして登る。頂上付近は足場が悪いので、手を使って慎重に登ろう。頂上にある山名標の先の広場からは、ハイマツ帯を貫く乗鞍スカイライン越しに、焼岳、穂高連峰、槍ヶ岳も見え、その左に笠ヶ岳と白山がかすかに見渡せる。

大黒岳
（だいこくだけ）

🚶 畳平から登り30分、下り20分

　山頂から御来光が眺められる、人気の山。畳平の駐車場を後に、左に鶴ヶ池を見ながら歩き、県道乗鞍岳線（乗鞍エコーライン）に出て、道路の県境ゲートの脇から山頂へ登っていく。ハイマツ帯につけられた岩や石がごろごろする道だが、頂上まで標高差100mもない。2772mの山頂には石造りの休憩所が建ち、展望はすばらしい。眼下に乗鞍スカイラインが走る桔梗ヶ原が大きく広がり、その向こうに穂高連峰がそびえ、アルプスの山々が連なる。

富士見岳
（ふじみだけ）

🚶 畳平から登り40分、下り30分

　お花畑方面に向かい、分岐を直進。道標に従ってゆるやかに登っていく。道はよく整備されているが、多少石がごろごろして歩きづらいところもある。砂利の敷いてある広い車道を横切り、背の低いハイマツの中につけられた道を登っていくうちに、山頂に到着。すばらしい眺めを楽しんだら、来た道を戻ろう。反対側に下る道もあり、大黒岳とつなげて歩くこともできるが、足場がよくなく、傾斜もきついので注意を。

乗鞍山頂

1:18,000

0   400m

周辺広域地図 P.20

N

A

この先通行止め

穂高連峰、焼岳、槍ヶ岳が望める

頂上付近は足場悪い

鶴ヶ池と亀ヶ池をともに見下ろす

恵比須岳 ▲2831

魔王岳登り口

P.86 乗鞍山頂銀嶺荘

P.81 乗鞍本宮神社

畳平

1周30分

7月中旬～8月上旬が
花の見頃

P.82 お花畑

P.81 乗鞍BT

P.86 乗鞍食堂・売店

2763 **魔王岳** P.84

避難小屋

乗鞍白雲荘 P.86

段差の大きい
急な石段

乗鞍畳平

お花畑の入口

B

槍ヶ岳、穂高連峰、
中央アルプス、
南アルプスを望む
御来光の名所

大黒岳 P.84

2772

20分
10分

ハイマツ帯
岩礫の登り

鶴ヶ池
P.81

標高2716m

池の周辺は
高山植物が群生

県境ゲート

石ゴロゴロの急登
下りは注意

富士見岳 P.84

2817

大黒岳越しに穂高連峰を望む

里見岳 ▲2824

不動岳 ▲2875

※立入禁止

C

不消ヶ池

※一般立入禁止

摩利支天岳 ▲2873

乗鞍観測所

※五ノ池付近は
立入禁止

五ノ池

室堂ヶ原

D

乗鞍エコーライン（一般車通行禁止）

位ヶ原・乗鞍高原へ

WC

東大宇宙線研究所

肩の小屋

ハイマツ帯の登山道

大雪渓・肩ノ小屋口

WC

P

大雪渓

伊奈川石保

岐阜県

高山市

急な砂礫の道

長野県

松本市

稜線のゆるやかな道
権現池、剣ヶ峰を見て進む

安曇

水分岳 ▲2896

朝日岳 ▲2975

蚕玉岳 ▲2979

槍ヶ岳、穂高連峰、北アルプスを望む

E

※立入禁止

権現池

雪山岳 ▲2891

**乗鞍岳
剣ヶ峰** 3026

乗鞍神社

頂上小屋

休憩のみ

360度の展望が広がる

F

木曽御嶽の眺めがよい

薬師岳 ▲2950

大日岳 3014

乗鞍本宮
奥ノ院

中洞権現へ

高山・平湯温泉へ

桔梗ヶ原

乗鞍スカイライン（一般車通行禁止）P.80

買う＆食べる

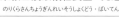

乗鞍山頂銀嶺荘食堂・売店
のりくらさんちょうぎんれいそうしょくどう・ばいてん

泊まる

食事処・おみやげ
乗鞍食堂・売店
のりくらしょくどう・ばいてん

地図p.85-B
乗鞍バスターミナル内

　バスターミナルの2階の食堂は、収容約200名。夏場のシーズンにはかなり混むが、比較的ゆったりと食事ができるのがうれしい。食券制で定食もののほか、うどん、そば、ピラフなど、豊富なメニューが自慢だ。バス待合室近くの売店ではおやきやおでんを販売。1階の売店では飛騨、信州の特産品を扱っている。

　📞 090-3483-3192
　🕐 8:00〜17:00
　　 7月1日〜10月31日の営業
　🈺 期間中無休

地図p.85-B
乗鞍バスターミナルからすぐ

　飛騨高山豚を使ったロース生姜焼き定食やロースカツカレー、ソーセージカレー、飛騨牛丼、特製親子丼のほか、コーヒーなどが味わえる。乗鞍岳周辺の自然観察教室も開催（要予約）。1階の売店横には乗鞍山頂簡易郵便局（6月10日〜10月10日）がある。ここで投函すると「乗鞍山頂」と日付の消印を押してもらえるので、旅の記念におすすめだ。宿泊もやっていて1泊2食付き1万7000円〜。

　📞 080-6926-3145
　🕐 8:00〜17:00
　　 5月15日〜10月中旬の営業
　🈺 期間中無休

山小屋
乗鞍白雲荘
のりくらはくうんそう

地図p.85-B
乗鞍バスターミナルからすぐ

　乗鞍畳平、魔王岳の麓に建つ、昔ながらの山小屋の雰囲気を感じさせる宿。客室やテラスからは鶴ヶ池や山々の眺めがよい。宿泊は1階の大部屋か、2階の個室（1室2〜4名）。

　📞 090-3480-3136
　💴 1泊2食付・1万3000円〜（個室）
　ℹ️ 11室／6月中旬〜
　　 10月中旬営業

TEKU TEKU COLUMN

乗鞍岳山麓の原生林・五色ヶ原の森

　乗鞍岳西側の山麓に広がる五色ヶ原の森は、清流や滝、湖沼、湿原が手つかずのまま残り、希少な動植物が生息する広大な森林地帯。この貴重な自然をガイド同行で安全に楽しめる、ネイチャーガイドトレッキングが行われている。カモシカコースとシラビソコースの2つのツアーが設定されており、いずれも所要時間は食事、休憩も含め約8時間、9000円、10日前までに予約が必要。期間は5月20日〜10月31日。
　📞 0577-79-2280（五色ヶ原の森案内センター）
　地図p.120-J

奥飛驒
温泉郷

奥飛騨温泉郷

エリアの魅力

温泉
★★★★★
味覚
★★★
自然散策
★★★

宿泊してのんびり過ごすのがおすすめだが、気軽に利用できる立ち寄り湯も多い。個性ある5つの温泉地選びも楽しい。

観光の問い合わせ

奥飛騨温泉郷観光協会
☎0578-89-2614
平湯温泉観光案内所
(9時30分〜17時)
☎0578-89-3030

交通の問い合わせ

アルピコ交通新島々営業所
☎0263-92-2511
濃飛バス(高山営業所)
☎0577-32-1160
京王高速バス予約センター
☎03-5376-2222
富山地鉄高速バス予約センター
☎076-433-4890
平湯バスターミナル
(アルプス街道平湯)
☎0578-89-2611

タクシー

濃飛タクシー
☎0578-82-1111

豊富な湯量を誇る良質な温泉宿でくつろぐ

　北アルプスの山麓に湧く平湯、新平湯、福地、栃尾、新穂高などからなる奥飛騨温泉郷。露天風呂の多さでも知られており、自然に抱かれての湯浴みを思う存分楽しむことができる。

HINT

奥飛騨温泉郷 各地への行き方

　松本からは平湯温泉で乗換のほか、夏期及び冬期の週末や休日はアルピコ交通の直行便も運行。高山からの新穂高ロープウェイ行きは各温泉も経由、福地温泉〜栃尾温泉は1時間10〜17分、1840〜1930円。

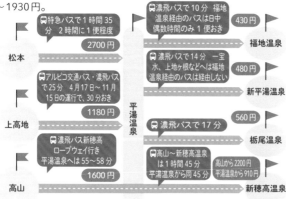

松本
🚌特急バスで1時間35分　2時間に1便程度
2700円

🚌濃飛バスで10分　福地温泉経由のバスは日中偶数時間のみ1便おき
430円
福地温泉

上高地
🚌アルピコ交通バス・濃飛バスで25分　4月17日〜11月15日の運行で、30分おき
1180円

🚌濃飛バスで14分　一宝水、上地ヶ根などへは福地温泉経由のバスは経由しない
480円
新平湯温泉

平湯温泉

🚌濃飛バスで17分
560円
栃尾温泉

高山
🚌濃飛バス新穂高ロープウェイ行き
平湯温泉へは55〜58分
1600円

🚌高山〜新穂高温泉は1時間45分
平湯温泉から同45分
高山から2200円
平湯温泉から910円
新穂高温泉

エリアをつかむヒント

錫杖岳
2168▲

新穂高温泉駅

Ⓒ 新穂高温泉

新穂高ロープウェイ

しらかば平駅

鍋平高原駅

西穂高口駅

西穂山荘

槍見温泉

中尾温泉

蒲田温泉

Ⓑ 栃尾温泉

道の駅
奥飛騨温泉郷上宝

Ⓑ 新平湯温泉

Ⓑ 福地温泉

▲2455
焼岳

大正池

上高地へ

中の湯温泉

あかんだな
Ⓟ

安房峠道路

松本へ

Ⓐ 平湯温泉

安房峠

坂巻温泉

高山市街へ

平湯トンネル

平湯温泉スキー場

Ⓟ
ほおのき平

平湯峠

平湯大滝

奥飛騨温泉郷

Ⓐ 平湯温泉

奥飛騨温泉郷の玄関口。和風旅館が立ち並び、ほぼすべての宿に露天風呂がある。平湯の湯やひらゆの森など、立ち寄り温泉施設も多い。高原、山岳散歩の拠点におすすめ。

Ⓑ 栃尾・福地・新平湯温泉

平湯川の谷間に沿って点在する温泉地。規模の大きい宿が集まる新平湯、国道471号線から脇にそれているので閑静な福地、民宿が中心で家庭的な雰囲気の栃尾とそれぞれ個性がある。上高地や乗鞍散策の拠点として宿泊、日帰り湯を楽しむのもいい。どこも温泉街としてはこぢんまりした雰囲気で、ゆっくりとした時間を楽しめる。

Ⓒ 新穂高温泉

蒲田川沿いに点在する温泉の総称。山岳展望を満喫できる宿が多い。標高2156mの西穂高口駅まではロープウェイが結び、槍ヶ岳や穂高連峰、笠ヶ岳が一望できる。

基点の平湯ＢＴのはじめの一歩

平湯バスターミナル（BT）にはレストランや売店もあり、待ち時間がある場合でも時間をつぶせる。上高地や乗鞍山頂の畳平へ向かう場合は、観光案内所などで天候を確認しよう。

●平湯BT
バスの乗り継ぎ時間が短くても、きちんと乗り換えの時間をとるので乗り換えは安心していい。

バスの乗り場と
行き先
①上高地・乗鞍・あかんだな駐車場行き
②新穂高線・松本線・（高山方面）
③新穂高線（新穂高RW行き）・上宝神岡線
④松本線・高速バス新宿線

アルプス街道平湯

カフェ＆
レストラン
アルプス
ホルン

ショッピングプラザ
「アルプラザ」

平湯バスターミナル
足湯

美化協力金を入れるしくみを

大型バス駐車場

平湯公共駐車場

飛騨・北アルプス
自然文化センター

平湯温泉街・新平湯温泉へ
バス案内所
きっぷ売り場

平湯温泉宿泊案内所

簡易郵便局

平湯臨時派出所

宝タクシー出張所

↓松本・高山へ

●平湯温泉
　総合観光案内所
上高地や乗鞍山頂、新穂高温泉の天候や視界などの情報も入手できるので、ここで情報を確認の上、旅程を決めるといい。

●BTビル
　（アルプス街道平湯）
ビル内に待合室はない。ホールのベンチは少ないので、待ち時間がある時はレストランや温泉へ。

◆タクシー
上高地まで（中型）　4500円（定額）
福地温泉まで（中型）　約2100円
新平湯温泉まで（中型）　約2600円
栃尾温泉まで（中型）　約3900円
新穂高温泉まで（中型）　約7400円

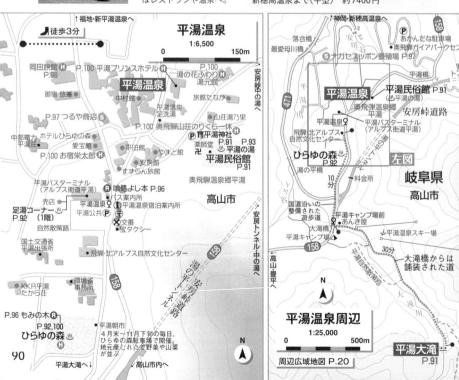

平湯温泉　1:6,500

徒歩3分

↑福地・新平湯温泉へ

0　　　　　150m

平湯温泉

岡田旅館 P.98
御宿 悠峯
中村館
平湯プリンスホテル P.100
湯の花ふわり
湯元館 P.100
旅館たなか
P.97 つるや商店
山荘湯乃里
中部電力
平湯荘
ホテルひらゆの森
P.100 奥飛騨山荘のりくら一休
愛宝館
P.100 お宿栄太郎
平田館
やまと館
安房館
すずらん旅館
平湯バスターミナル
（アルプス街道平湯）
喰処よし本 P.96
売店
足湯コーナー
P.92（1階）
平湯温泉
平湯公共
自然散策路
国土交通省
平湯出張所
平湯神社
薬師堂
P.91
P.93 平湯の湯
平湯民俗館
P.91
奥飛騨温泉郷平湯
平湯温泉宿泊案内所
バス案内所
交番
宝タクシー
飛騨・北アルプス自然文化センター
環境省
事務所
KKR平湯
たから荘
P.96 もみの木
ひらゆの森
P.92,100
平湯朝市
4月末～11月下旬の毎日、ひらゆの森駐車場で開催。地元産品いろいろ。地元産まいれて野菜や山菜が並ぶ
平湯大滝へ

安房峠中の湯へ

高山市

安房トンネル 中の湯へ

高山畳平へ

高山市内へ

平湯温泉周辺　1:25,000

↑神岡・新穂高温泉へ

落合橋
最愛母川橋
安房谷
あかんだな駐車場
奥飛騨ガイアパークセンター
オガセスッポン養殖場 P.97
平湯温泉
平湯民俗館 P.91
奥飛騨温泉郷
平湯
安房峠道路
平湯温泉
平湯バスターミナル
（アルプス街道平湯）
飛騨・北アルプス
自然文化センター
ひらゆの森
P.92
湯の平橋
10
分
料金所

左図

岐阜県

高山市

国道沿いの
整備された
遊歩道
平湯キャンプ場前
あんき屋
大滝橋
平湯キャンプ場
30
分
平湯温泉スキー場
大滝橋からは
舗装された道
平湯自然散策路

N

0　　　　　500m

周辺広域地図 P.20

平湯大滝
P.91

N

見る&歩く

平湯大滝
ひらゆおおたき

地図p.90-右図
平湯バスターミナルから🚶40分

　飛騨三大名瀑のひとつで、日本の滝百選にも選ばれていて、豪快な水しぶきをあげている。幅15m、落差は64mで、雪解け水を集めて水が増す初夏や、紅葉の秋が特にすばらしい。また滝全体が氷結する厳寒期の2月15日から25日には、平湯大滝結氷まつりが開催される。花火が打ち上げられ、19時から21時まで巨大な氷柱がライトアップされる。

　📞0578-89-3030
（平湯温泉観光案内所）

POINT てくナビ／平湯バスターミナルから最初はややきつい登り道だが、大滝橋からは舗装されているので歩きやすい。

平湯民俗館
ひらゆみんぞくかん

地図p.90-左図
平湯バスターミナルから🚶2分

　奥飛騨や白川郷にあった、木造茅葺き入母屋平屋建ての民家の家屋を移築した施設。250年以上前に建てられたものといわれ、県の重要文化財に指定されている。また、飛騨の教育と観光の先駆者といわれた篠原無然の遺徳を偲ぶ資料を展示した篠原無

然記念館、円空仏なども見られる。敷地内に立ち寄り温泉「平湯の湯」や足湯もある。

　📞0578-89-3339
　🕘9:00〜17:00（11月下旬〜4月中旬は見学不可）
　🚫不定　💴無料

平湯神社
ひらゆじんじゃ

地図p.99-G
🚏平湯バスターミナルから🚶2分

　平湯温泉の中心地に鎮座し、もともとは天照大神を主祭神とする神明神社だったが、1980（昭和55）年に平湯温泉開闢の白猿伝説にあやかり、温泉発見に大きな役割を果たした白猿を合祀して「平湯神社」と改称された。毎年10月1日に例祭が行われる。

　📞0578-89-3030（平湯温泉観光案内所）
　🕘拝観自由

鍋平園地ウォーキングロード
なべだいらえんちうぉーきんぐろーど

地図p.99-D／🚏国立公園口から出発地点の北アルプス展望園地まで徒歩30分

　新穂高ロープウェイの第1・第2ロープウェイの中間地点に広がる鍋平高原まで続く、白樺やミズナラに囲まれた散策道。木道や車道、ゆるいアップダウンの道が続く鬱蒼とした緑の中を歩く道だが、コースのところどころから北アルプスの雄大な景色を望めたり、休憩舎も点在する。

　📞0578-89-2614（奥飛騨温泉郷観光協会）
　🕘散策自由（冬期閉鎖）　🅿あり

奥飛騨の大自然の中でゆったり

立ち寄り湯めぐり

渓流沿いに湧く野趣満点の岩風呂や、
施設の充実した日帰り入浴施設など、
個性豊かな立ち寄り湯が、奥飛騨の湯の魅力。

ひらゆの森

岩風呂や檜風呂などの露天風呂が点在、森の中を裸で歩いて湯めぐりできる。打たせ湯や広々とした大浴場もある。硫黄を含んだほんのり白い湯は体がよく温まる。

- 📍 地図 p.90-左図
- 🚶 平湯BTから🚶5分
- 📞 0578-89-3338
- 🕙 10:00〜21:00（最終20:30）
- 🈑 無休（4、9、12月にメンテナンス休館あり）　💴 600円

♨内風呂、露天風呂男湯7・女湯9

🏠広間、軽食・喫茶コーナー、レストラン、売店

足湯コーナー

平湯バスターミナル1階のバス乗り場奥あり、無料で利用できる「足湯」。バスの待ち時間などに気軽に温泉気分を味わえる。乗鞍岳の絶景を眺めながら温泉玉子やジェラートを楽しめる。

♨男女別内湯、露天風呂

🏠休憩室、レストラン、売店

- 📍 地図 p.90-左図
- 🚶 平湯BT1階
- 📞 0578-89-2611
- 🕙 9:00〜17:00
- 🈑 無休
- 💴 無料

石動の湯

昔ばなしの里の一角にある。築100年以上の古民家の中に内湯とこぢんまりとした露天風呂があり、露天風呂からは周囲の緑が美しく見える。入浴後は昔ばなしの里内で散策もできる。

♨男女別内湯、露天風呂

🏠休憩所、売店

- 📍 地図 p.98-E
- 🚶 福地温泉上から🚶3分
- 📞 0578-89-2793
- 🕙 12:00〜16:00
- 🈑 水曜（不定休あり、12月〜4月下旬露天風呂は休み
- 💴 300円

ひがくの湯

広い湯船でゆったりと良質の湯に浸れる。露天風呂の一角にこぢんまりとした洗い場がある。定食や麺類を食べられる食事処があるのも便利。鉄道ジオラマも必見だ。登山の湯、内海の湯もオープン。

🏠露天風呂（男女別）

◆休憩室、レストラン

- 📍 地図 p.99-C
- 🚶 国立公園口から🚶1分
- 📞 0578-89-2855
- 🕙 9:00〜20:00
- 🈑 11月下旬〜4月中旬、それ以外無休
- 💴 800円

新穂高の湯
<ruby>新<rt>しん</rt></ruby><ruby>穂<rt>ほ</rt></ruby><ruby>高<rt>たか</rt></ruby>の<ruby>湯<rt>ゆ</rt></ruby>

　川に面して巨石に囲まれた大きな湯船がひとつ。混浴の上に橋から丸見えだが、ゴウゴウと流れる瀬音を聞きながらの入浴は、山の湯らしいワイルドな気分だ。

神の湯
<ruby>神<rt>かみ</rt></ruby>の<ruby>湯<rt>ゆ</rt></ruby>

　<ruby>安房峠<rt>あぼうとうげ</rt></ruby>への旧道を500mほど入った林の中にある。平湯温泉発祥の湯で、自然石を配した露天風呂。周囲は樹林に覆われ、川の音や鳥のさえずりが聞こえる。

♨露天風呂（男女別）
♠なし
★タオル（200円）、せっけん

♥地図p.90-右図
♀平湯BTから🚶15分
♪0578-89-3338（ひらゆの森）
🕖7:00～18:00
　（季節により変更あり）
㊡冬期は休業　¥500円
＊2023年現在休業中

♨露天風呂（混浴）
♠脱衣所（女性のみ）

♥地図p.99-C
♀中尾高原口から🚶3分
♪0578-89-2614
　（奥飛騨温泉郷観光協会）
🕖8:00～18:00
㊡11月～4月中旬、増水時
¥清掃協力金300円程度

平湯の湯
<ruby>平<rt>ひら</rt></ruby><ruby>湯<rt>ゆ</rt></ruby>の<ruby>湯<rt>ゆ</rt></ruby>

　平湯民俗館を併設し、男女別に大きな岩を組んだ露天風呂がある。温泉に浸かりながら森林浴も楽しめる。

♨露天風呂（男女別）
♠休憩所、脱衣所

♥地図p.90-左図
♀平湯BTから🚶2分
♪0578-89-3339
🕖6:00～21:00
　（冬期は8:00～19:00）
㊡不定
¥寸志（300円程度）

荒神の湯
<ruby>荒<rt>こう</rt></ruby><ruby>神<rt>じん</rt></ruby>の<ruby>湯<rt>ゆ</rt></ruby>

　栃尾温泉街のはずれ、<ruby>蒲田<rt>がまだ</rt></ruby>川沿いにある。巨石を配した風呂で、屋根がないので開放感たっぷり。男女の湯船を仕切るのは簡易なついたてのみ。湯船からは雄大な山々や緑、夜は満天の星空を眺めながら入浴できる。

♨露天風呂
♠脱衣所

♥地図p.98-A
♀栃尾温泉から🚶3分
♪0578-89-2614
　（奥飛騨温泉郷観光協会）
🕖8:00～22:00
　（月・水・金曜は12:00～）
㊡無休
¥志納、清掃協力金200円程度

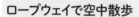

新穂高ロープウェイ

特選ネイチャーWalking❹

新穂高温泉からロープウェイを使って、手軽な高山ハイクへ出発！　千石園地はアルプスを望む眺め一番のウォーキングコースだ。

ロープウェイで空中散歩

見どころ…笠ヶ岳、槍ヶ岳、穂高連峰の展望、新緑・紅葉・雪景色
地図p.99-D・H

※2023年の例
・運行時刻…第1ロープウェイは30分おきの運行（0分、30分発）、混雑時は臨時便運行。第2ロープウェイは30分おきの運行（15分、45分発）。臨時便あり。
・運行時間…新穂高温泉発8:30〜16:00（季節・曜日により変更あり）（多客期増便）西穂高口発8:45〜16:45。荒天時、点検時以外無休
・料金…第1・第2ロープウェイ連絡乗車券は往復3300円。☎0578-89-2252 🅿230台

　新穂高温泉と西穂高口を結ぶ新穂高ロープウェイは、1039mという世界第2位の高低差を誇る。ゴンドラの窓からは奥穂高岳や涸沢岳、槍ヶ岳など3000m級の山々が、標高を上げるに連れて次第に迫り来る。迫力満点の山岳パノラマを楽しんでみよう。

●谷間を見下ろす第1ロープウェイ　まず第1ロープウェイで、中間の鍋平高原駅を目指す。高低差188m、全長573m。展望は進行方向後方がおすすめだ。登り始めると、眼下に樹林が広がり、後方左手にかけて蒲田川に沿って点在する新穂高温泉の宿が箱庭のように見える。笠ヶ岳が後方にそびえ始めると、標高1305mの鍋平高原駅に到着。付近にはビジターセンター山楽館やロープウェイを望む足湯、高山植物の散策路がある。

●山々を見渡す第2ロープウェイ　第2ロープウェイの乗り場は隣接する別の建物で、駅名も「しらかば平」となる。このロープウェイは日本初の2階建て大型ゴンドラで、まず2階から客を乗せ、満員になると1階へ乗せる。2階に乗りたければ早めに並ぼう。1階と2階の行き来はできない。
　ゴンドラの前方と後方には座席があり、

笠ヶ岳2897m　抜戸岳2813m　弓折岳2592m　樅沢岳2755m　左俣岳2674m　槍ヶ岳318

正面の窓枠には山岳案内図が掲示してある。出発すると進行方向左に穂高連峰、槍ヶ岳が次第にその姿を現わしてくる。奥穂高のゴツゴツした山肌も手に取るようで、登山者の姿も小さく見える。そして後方には大

きくそびえる笠ヶ岳と、壁のように立ちはだかる北アルプスの山並みを望む。

終点の西穂高口駅から下りのロープウェイは30分おきの運行。発車5分前に案内放送が入るので注意しておこう。

千石園地ハイク

地図p.21-B

 西穂高口駅 1分 🥾→ 屋上展望テラス 30分 🥾→ 西穂高口駅

西穂高口駅は名前の通り、北アルプスの登山口。駅の屋上は、周囲の山々が360度見渡せる絶景の展望台だ。付近は北アルプス

の一角、千石園地（せんごくえんち）で、原生林の中をめぐる1.5kmの遊歩道が設けられている。夏でも涼しく、薄手のセーターが必要だ。残雪と周囲の山々の新緑とのコントラストが美しい春、千石園地に高さ2〜3mの雪の回廊が出現する冬もおすすめ。

●**山岳パノラマのハイライト** 西穂高口駅は1階がロープウェイ乗り場、2階が待合室、3階が売店、4階が軽食処、展望台入口にテイクアウトのコーヒーショップがある。

さらに屋上の展望テラスに出ると、正面の笠ヶ岳（やけだけ）から右回りに穂高連峰、焼岳、乗鞍とまさに360度のパノラマ。天気がいいと白山（はくさん）まで見渡すことができる。設置された望遠鏡をのぞくと、西穂山荘（にしほさんそう）方面への登山者の歩く姿が見られる。

●**花と山を見て散歩** ちょっとした高山散策を楽しむなら、4階から千石園地を登山道入口ゲートまで往復してみよう。起伏はなく、ゆっくり歩いても往復30分程度。

出口そばにはミズバショウ園が広がり、6〜7月には白く可憐な花を咲かせる。隣接の広場からは正面に西穂高岳の大観、左手奥に槍ヶ岳の穂先が望める。ゲートまでは樹林の中を歩く。沿道には高山植物も咲いている。

西穂高岳 2909m ── 西穂独標 2701m ─レット 2748m 穂高岳 3106m 西穂山荘

西穂高口駅屋上から見た北アルプス

買う＆食べる

る。店内は情緒たっぷりの飛騨造り風で雰囲気がある。山菜そば1200円、天ぷらそば1100円。

泳がせ、伏流水でキュッと身を締め、腹からさばく関西風。絶品の秘伝タレと奥飛騨の水、臭みのない柔らかなうなぎが人気だ。うなぎ、錦糸卵、紅ショウガで握った「うなぎちらしのおむすび」は持ち帰り可能。

平湯温泉／レストラン

もみの木
もみのき

地図p.90-左図

♗平湯バスターミナルから🚶5分

宿と温泉のひらゆの森（p.92）にある森のレストラン。食事だけの利用も可能。麺類から丼物や定食まで、飛騨ならではのアラカルト料理が豊富。飛騨牛カルビ丼や朴葉みそ定食1200円などが。

📞 0578-89-3338(ひらゆの森)
🕙 11:00～21:00(20:30LO)
🏠 ひらゆの森に準じる
💴 カルビ丼1200円　🅿100台

新平湯温泉／レストラン

食堂カフェ よつば
しょくどうかふぇ よつば

地図p.98-A

♗禅通寺前から🚶5分

古材を活かしたおしゃれな食堂。昼は自慢の創作蕎麦ガレットランチが味わえる。スープとサラダ付き。夜は洋風居酒屋として深夜24時まで営業している。

📞 0578-89-2434
🕙 11:00～16:00、18:00～24:00 (23:30LO)　🏠 火曜　💴 ランチ1000円～　🅿6台

📞 0578-89-2359
🕙 11:00～14:30,17:00～20:00
🏠 不定　💴 うな丼1100円～
🅿 15台

新平湯温泉／和食・居酒屋

お食事処 奈賀勢
おしょくじどころ ながせ

地図p.98-A

♗新平湯温泉から🚶2分

飛騨牛のホルモンを使ったメニューが人気の食事処。飛騨牛の大腸とキャベツを自家製味噌でグツグツ煮込んだ「テッチャン」（930円）はご飯（200円）と供に。麺類もある。

📞 0578-89-2505
🕙 10:00～14:00,17:00～21:30
🏠 木曜　💴 テッチャン930円
🅿 3台

平湯温泉／和食

喰処よし本
くいどころよしもと

地図p.90-左図

♗平湯バスターミナルのすぐ下手

地元の素材を取り入れた飛騨の味覚が楽しめる名物店で、バスの待ち時間にも使える。周辺の山へ店主自ら山菜を採りに行くので、春から初夏にかけて珍しい山菜が味わえ

新平湯温泉／うなぎ

うな亭
うなてい

地図p.98-A

♗禅通寺前からすぐ

脂がほどよく乗ったうなぎを味わえる。うなぎは温泉水で

栃尾温泉／蕎麦

宝山荘 小さな蕎麦屋さん
ほうざんそう ちいさなそばやさん

地図p.98-A

♗上栃尾から🚶5分

民宿「宝山荘」の一角にある地元でも評判のそば店。奥飛騨の清流で打つ蕎麦は、細打ちながらもしっかりとしたコ

シがある。おすすめは辛み大根おろしざる。冬場は鴨南蛮そばが人気。

☎ 0578-89-2358　🕐 11:00〜売り切れ次第　休 水曜
💴 ざるそば900円〜　🅿 10台

喫茶・軽食 笠ヶ岳
きっさ・けいしょく かさがたけ

新穂高温泉／喫茶

地図 p.99-D
🚶 新穂高温泉から🚶5分

　第1ロープウェイの新穂高温泉駅内にある喫茶コーナー。バニラとワサビのミックスソフトクリーム（430円）が人気。飛騨牛コロッケやハンバーグプレートなど軽食も食べられる。

☎ 0578-89-2252
　（新穂高ロープウェイ）
🕐 ロープウェイ運行時間に営業
休 無休　💴 コロッケ270円〜

つるや商店
つるやしょうてん

平湯温泉／みやげ店

地図 p.90-左図
🚶 平湯バスターミナルから🚶5分

　自家源泉の温泉で茹でた熱々の「はんたい玉子」が名物。はんたい玉子とは、黄身が固

くて白身がトロッとやわらかい温泉卵のこと。自家製の湯の花もおすすめ。

☎ 0578-89-2605
🕐 8:00〜20:30
休 不定　🅿 5台

ナガセスッポン養殖場
ながせすっぽんようしょくじょう

平湯温泉／スッポン製品

地図 p.90-右図
🚶 平湯バスターミナルから🚶10分

　精のつく食べ物としておなじみのスッポンを、奥飛騨の温泉熱を利用して養殖、さらにその優良スッポンを粉末やカプセル、ドリンクに加工して販売。粉末60ｇ（6264円〜）やソフトカプセルのすっぽん球100粒（6264円）などが買える。

☎ 0120-50-3739
🕐 8:00〜16:30
休 12/31〜1/2　🅿 20台

道の駅 奥飛騨温泉郷上宝
みちのえき おくひだおんせんごうかみたから

栃尾温泉／特産品

地図 p.120-F
🚶 栃尾温泉から🚶13分

　栃尾温泉の入口にある赤い宝橋から、神岡方面に向かう国道471号沿いにある道の駅。敷地内には、奥飛騨のおみやげがそろう物産館をはじめ、川魚、山菜、田舎料理の食事処がある。

☎ 0578-89-3746
🕐 9:00〜17:00
　（11〜3月は9:00〜16:30）
休 4〜10月無休、11〜3月水曜
　（祝日の場合は翌日）
🅿 28台

福地温泉朝市
ふくぢおんせんあさいち

福地温泉／特産品

地図 p.98-E
🚶 福地温泉から🚶2分

　漬物や朴葉味噌、山菜、野菜などが買える福地温泉の名物朝市。11/15〜4/14は8:30〜。

☎ 0578-89-3600
🕐 6:30〜11:00頃（11月中旬〜4月中旬は8:30〜）
休 無休（冬期は不定休）
🅿 15台

アルプスのパン屋さん
あるぷすのぱんやさん

新穂高温泉／パン

地図 p.99-D
第2ロープウェイしらかば平駅内

　しらかば平駅の2階にある、焼きたてのパンを買えるベーカリーショップ。

☎ 0578-89-2252
　（新穂高ロープウェイ）
🕐 ロープウェイ運行時間に営業
休 無休

奥飛騨温泉郷

神岡へ
柏当谷
栃尾小
栃尾
宝橋
洞谷
奥飛騨温泉郷柏当トレーニングセンター
奥飛騨温泉郷観光会館
高原川オートキャンプ場
栃尾温泉
奥飛騨温泉郷栃尾
荒神神社
栃尾診療所前
荒神の湯 P.93
村上神社
村上橋
P.100 旅館飛騨牛の宿
満天広場
民宿 栃尾荘 P.100
薬師のゆ本陣
奥飛騨温泉郷村上
上栃尾
小さな蕎麦屋さん P.96
宝山荘 P.100
▲1452
新平湯温泉口
火山の恵広場
蛍の湯（足湯）
石の唐櫃
和風旅館 岐山
尾の上園地
小糸谷
P.100 長作の宿なかだ屋
新平湯温泉
静岳館
神坂
西穂高ピューロッヂ
穂高荘山月
蒲田川荘
新穂高温泉口
宝岳館
P.96 お食事処 奈賀勢
神明神社
うな亭 P.96
お宿のざわ
神坂
民宿いちだ
P.99 山ぼうし
禅通寺
神坂トンネル
新平湯温泉
国民宿舎 円空庵
アルプス広場
小糸谷橋
蒲田温泉
平湯川
高原川
禅通寺前
食堂カフェ よつば P.96
蒲田川
岩坪橋
高山市
藤屋 P.100
古屋ヶ根
新平湯の里 松宝苑 P.100
福地温泉口
郷の館 松乃井 P.100
P.飛騨野
上地ヶ根高原
福地温泉
湯元長座 P.100
元湯孫九郎 P.100
福地ゆりみ坂
百合見橋
熊野神社
上地ケ根
471
湯庄屋
福地館
舎湯
奥飛騨温泉郷福地
奥飛騨温泉郷一重ヶ根
岩坪谷
旅館山水
山里のいおり 草円 P.98
奥飛騨の宿故郷 P.100
石動の湯 P.92
福地温泉朝市 P.97
クマ牧場前～福地温泉口は、福地温泉経由と上地ヶ根経由が1便ごとの運行
御宿飛水
隠庵ひだ路 P.100
いろりの宿かつら木の郷 P.99
一宝水
奥飛騨ガーデンホテル焼岳前
奥飛騨ガーデンホテル焼岳
鍋掛橋
クマ牧場前
鍋掛谷
奥飛騨クマ牧場
平湯温泉へ
A
B
E
F
周辺広域地図 P.20-21
福地温泉・栃尾温泉・新穂高温泉
1:31,500
0
1km

泊まる

平湯温泉／旅館

岡田旅館

おかだりょかん

地図p.90-左図
平湯バスターミナルから徒歩3分

奥飛騨の食材を中心にした料理が並ぶ。風呂は高野槙と御影石を配した内湯とこれに続く庭園露天風呂が人気。別棟の和楽亭には露天風呂付客室や貸切露天風呂が整っている。

☎ 0578-89-2336
¥ 1泊2食付き1万2710円～
ℹ 70室／露天風呂あり

福地温泉／旅館

山里のいおり 草円

やまざとのいおりそうえん

地図p.98-E
福地温泉から徒歩3分

江戸晩期に飛騨の大工が建てた古民家を移築した趣きある湯宿。川沿いの貸切制の露天風呂は、完全放流式の自家源泉が注がれる名湯。

☎ 0578-89-1116
¥ 1泊2食付き1万9580円～
ℹ 15室／露天風呂あり

福地温泉／旅館

いろりの宿 かつら木の郷

いろりのやど かつらきのさと

地図p.98-E
福地温泉から徒歩2分

4000坪の敷地に母屋と囲炉裏の間付きの離れがあり、

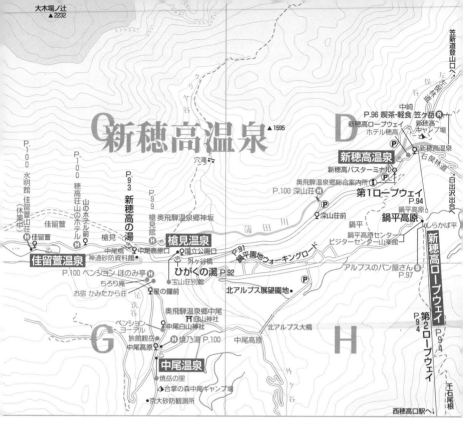

P.96 喫茶・軽食 笠ヶ岳

大木場ノ辻
▲2232

▲1595

新穂高温泉

穴滝

P.100 水明館 佳留萱山荘

P.100 穂高荘山のホテル前

佳留萱

P.93 新穂高の湯

P.99

奥飛騨温泉郷神坂

槍見橋
槍見

佳留萱温泉

P.100 ペンション ほのみ亭

中尾橋
中尾高原口
神通砂防資料館
国立公園口
外ヶ谷橋

槍見温泉

ひがくの湯 P.92

ちろり庵
お宿 かみたから荘
星の鐘前
宝山荘別館

北アルプス展望園地

洗谷

ペンション
ヨーデル
旅館観岳
中尾高原
奥飛騨温泉郷中尾
白山神社
白山神社
焼乃湯 P.100
中尾高原

北アルプス大橋

中尾温泉

焼岳の里
合掌の森中尾キャンプ場
京大砂防観測所

足洗谷

外ヶ谷

G

H

笠新道登山口へ

中崎
P.96 喫茶・軽食 笠ヶ岳 R
新穂高ロープウェイ
ホテル穂高
新穂高キャンプ場

新穂高温泉
新穂高バスターミナル
新穂高温泉
右俣林道
白出沢出合へ

奥飛騨温泉郷総合案内所
P.100 深山荘

第1ロープウェイ
深山荘前
鍋平高原

鍋平高原
鍋平高原センター
ビジターセンター山楽館
しらかば平

アルプスのパン屋さん
P.97

新穂高ロープウェイ

第2ロープウェイ
P.94

西穂高口駅へ

千石尾根

蒲田川

鍋平園地ウォーキングロード P.97

専用露天付き客室も。食事は
個室の囲炉裏端でいただく。
風呂は大浴場、露天風呂のほ
か、貸切風呂2カ所も。

📞 0578-89-1001
💴 1泊2食付き2万6500円〜
ℹ️ 11室／露天風呂あり

新平湯温泉／旅館

山ぼうし
やまぼうし

地図 p.98-A
🚶 禅通寺前から🚌3分

　露天風呂付き客室や貸切露
天風呂などがある古民家風の

宿。貸切露天風呂は2カ所。炉
端のある個室でいただける、
川魚や飛騨牛などを使った創
作料理も楽しみ。

📞 0578-89-2538
💴 1泊2食付き1万8700円〜
ℹ️ 10室／露天風呂あり

新穂高温泉／旅館

槍見舘
やりみかん

地図 p.99-C
🚶 中尾高原口から🚌5分

　建物は新潟の古い商家を移

築したもの。槍ヶ岳を望む川
辺の2カ所の露天風呂（女性
専用あり）のほか、4カ所の貸
切露天や足湯などがある。

📞 0578-89-2808
💴 1泊2食付き2万2000円〜
ℹ️ 15室／立ち寄り湯500円

温泉地	宿名	情報
平湯温泉	平湯プリンスホテル	♪0578-89-2323／♀地図:p.90-左図／¥1泊2食付き1万1000円〜 ●三種類の源泉から引いた3つの貸切露天風呂が好評。飛騨素材の和食。
	奥飛騨山荘 のりくら一休	♪0578-89-2635／♀地図:p.90-左図／¥1泊2食付き1万6000円〜 ●温泉は貸切露天風呂が2カ所。飛騨家具のベッド付きの和洋室もある。
	湯の花ふわり 湯元館	♪0578-89-2346／♀地図:p.90-左図／¥1泊2食つき1万1350円〜 ●露天風呂は男女別のほか、岩盤浴、3つの庭園貸切露天風呂がある。
	お宿栄太郎	♪0578-89-2540／♀地図:p.90-左図／¥1泊2食付き1万3750円〜 ●山、川の食材を吟味した料理が味わえる。露天風呂は男女別各2カ所。
	ひらゆの森	♪0578-89-3338／♀地図:p.90-左図／¥1泊2食つき本館9150円〜、合掌棟新館9180円〜／●32室。男女合わせて16もの露天風呂がある。
新平湯温泉	新平湯の里 松宝苑	♪0578-89-2244／♀地図:p.98-E／¥1泊2食付き新館…1万3200円〜 ●15室。男女別の露天風呂、2カ所ある貸切露天風呂で温泉を楽しめる。
	鄙の館 松乃井	♪0578-89-2229／♀地図:p.98-E／¥1泊2食付き1万3200円〜 ●料理は山菜や飛騨牛を使い、部屋で食事をとることができる。
	藤屋	♪0578-89-2714／♀地図:p.98-E／¥1泊2食付き1万5400円〜 ●築後200年の旧家を利用した湯宿。露天風呂(男女別)、貸切露天風呂あり。
	旅館 飛騨牛の宿	♪0578-89-3232／♀地図:p.98-A／¥1泊2食付き1万6000円〜 ●霜降りの飛騨牛を野菜とともに「せいろ蒸し」で堪能できるのが自慢。
	長作の宿なかだ屋	♪0578-89-2111／♀地図:p.98-A／¥1泊2食付き1万3200円〜 ●古民家風の食事処が自慢。内湯、露天風呂(男女交替制)あり。
福地温泉	隠庵ひだ路	♪0578-89-2462／♀地図:p.98-E／¥1泊2食付き2万7800円〜 ●各客室に露天風呂と総檜の内湯を完備。露天風呂2カ所あり。
	元湯 孫九郎	♪0578-89-2231／♀地図:p.98-E／¥1泊2食付き2万1450円〜 ●炉辺風のテーブルで地の食材を焼きながら味わう炉端風会席料理が人気。
	湯元長座	♪0578-89-0099／♀地図:p.98-E／¥1泊2食付き2万6400円〜 ●築100年あまりの庄屋を移築した、梁や囲炉裏など情緒を感じられる建物。
	奥飛騨の宿故郷	♪0578-89-2728／♀地図:p.98-E／¥1泊2食付き1万1000円〜 ●食事は炉端料理。露天風呂(男女別)、貸切露天風呂あり。
栃尾	民宿 栃尾荘	♪0578-89-2404／♀地図:p.98-A／¥1泊2食付き8650円／●13室バストイレ付き。3カ所ある露天風呂は空いていれば無料で貸切入浴できる。
	宝山荘	♪0578-89-2358／♀地図:p.98-A／¥1泊2食付き1万50円〜 ●男女別露天風呂付き内湯と貸切露天あり。手打ち蕎麦店併設(水曜定休)。
新穂高温泉	穂高荘山のホテル	♪0578-89-2004／♀地図:p.99-C／¥1泊2食付き1万3200円〜 ●槍ヶ岳を望む絶景が自慢。北欧風の山岳リゾートホテル。
	水明館 佳留萱山荘	♪0578-89-2801／♀地図:p.99-C／※休業中 ●約250畳もの大きさを誇る混浴の大露天風呂が自慢。
	深山荘	♪0578-89-2031／♀地図:p.99-D／¥1泊2食付き1万3200円〜／●蒲田川沿い、川原には天然の大岩を配した露天風呂がある。立ち寄り湯500円〜。
	ペンション ほのみ亭	♪0578-89-2639／♀地図:p.99-G／¥1泊2食付き1万500円〜 ●露天風呂は、樽風呂「こもれびの湯」と、開放感ある「満天の湯」。
	焼乃湯	♪0578-89-2704／♀地図:p.99-G／¥1泊2食付き1万1000円〜 ●全客室から北アルプスの壮大な景観が楽しめる。

高山

高山

p.120-I

エリアの魅力

町並み散策
★★★★★
グルメ
★★★
ご当地みやげ
★★★★

便利なきっぷ

●指定席特急回数券
→ p.124 参照
●高山・新穂高 2 日フリ
一乗車券→p.125 参照

観光の問い合わせ

高山市観光課
☎0577-35-3145
飛騨高山観光案内所
☎0577-32-5328

交通の問い合わせ

新宿～高山線
京王高速バス予約センター
☎03-5376-2222
松本～高山線
アルピコ交通高速バス予
約センター
☎0570-550-373
大阪～高山線
近鉄高速バスセンター
（大阪）
☎0570-001631
濃飛バス予約センター
☎0577-32-1688

タクシー

山都タクシー
☎0577-32-2323

レンタサイクル

ハラサイクル
☎0577-32-1657
9:00～20:00（1時間300
円～、1日1300円）火曜休

商人と匠により造られた飛騨の小京都

　豊臣秀吉の家臣だった金森長近が築いた高山城の城下町で、天
領となってからは武家の町から町人の町へと発展した。匠が腕を
振るった町並みはもちろん、魅力的な名産品も多い。

HINT　　高山への行き方

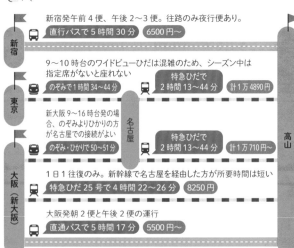

新宿発午前 4 便、午後 2～3 便。往路のみ夜行便あり。
新宿 🚌 直行バスで 5 時間 30 分　6500 円～

9～10 時台のワイドビューひだは混雑のため、シーズン中は
指定席がないと座れない
東京 🚃 のぞみで 1 時間 34～44 分　｜　特急ひだで 2 時間 13～44 分　計 1 万 4890 円

新大阪 9～16 時台発の場合、のぞみよりひかりの方が名古屋での接続がよい
🚃 のぞみ・ひかりで 50～51 分　｜　特急ひだで 2 時間 13～44 分　計 1 万 710 円～

（名古屋）（高山）

1 日 1 往復のみ。新幹線で名古屋を経由した方が所要時間は短い
大阪（新大阪） 🚃 特急ひだ 25 号で 4 時間 22～26 分　8250 円

大阪発朝 2 便と午後 2 便の運行
🚌 直通バスで 5 時間 17 分　5500 円～

エリアをつかむヒント

Ⓐ 上三之町

高山観光のメインとなるエリア。昔のままの状態の町家を利用した、食事処、みやげ物屋、カフェなどが数多く揃う。

東山寺町

城山公園

飛騨高山まちの博物館
一之町
Ⓔ 骨董通り
櫻山八幡宮 ● 民日 下一之町 Ⓑ 二之町
高山祭屋台会館 芸下 高山市政記念館
Ⓓ 館部 Ⓒ 下二之町 中橋
匠 之 上三之町 Ⓐ 筏橋
通 宮 町 柳 高山陣屋
り 川 弥生橋 橋 八軒町通り
不動橋 鍛冶橋 広小路通り 枡形橋
連合橋 吉島家住宅 国分寺通り

飛騨国分寺 ●

高山市役所 ● 高山濃飛 飛騨高山観光案内所 ⓘ
高山署 ● バスセンター
高山駅

Ⓑ 二之町

上三之町から一筋ちがいだが、静かに町歩きが楽しめる。風情ある町の中に、昔からの工芸店や酒蔵など老舗が点在している。

高山

Ⓒ 下三之町 下二之町

宮川沿いの道はみやげ物屋が並ぶ。下三之町、下二之町は観光客が少なく、古美術や和菓子屋、漬物などの老舗が並ぶ。

Ⓓ 匠通り

団子など甘味処や一刀彫の店が並ぶ。櫻山八幡宮の境内から上三之町方面へは、江名子川に沿った道が風情がありおすすめ。

Ⓔ 骨董通り

町家の商店や住宅に混じり、古美術や骨董品を扱う店が並ぶ。陶磁器や漆器など、手ごろな値段の生活民具も多い。

HINT

まわる順のヒント

●静かな町並みを選んで歩いてみる

上三之町や櫻山八幡宮周辺、高山陣屋付近は日中かなり賑わう。人混みを避けて町歩きを楽しむなら、一之町や二之町など生活感漂う静かな町並みがおすすめ。人の少ない時間帯に上三之町を散策するなら、17時過ぎぐらいがいい。

●レンタサイクルを利用する

高山駅周辺に数軒ある。駅から高山陣屋、上三之町、櫻山八幡宮周辺をめぐって2時間程度。飛騨民俗村（地図p.105-J）へは高山駅から約20分で、国道158号線から緩い登りの飛騨の里通りへ。

●バスを使って移動する

飛騨民俗村やまつりの森へは、高山濃飛BTからさるぼぼバスを利用、それぞれを循環して高山駅まで戻る路線で1時間に2便程度の運行。飛騨高山1日フリー木っぷ（500円）があり、提示すれば観光施設を割引料金で利用できる。さるぼぼバスを3回利用すると割安。

●タクシーを使って移動する

観光案内所右の乗り場に発着。5人まで乗れる中型で2時間1万3000円ぐらい。9人乗りのジャンボタクシーもある。

飛騨観光案内所

高山駅改札口前にある。高山市内を歩くための散策マップや各種施設の案内パンフをはじめ、飛騨高山美術館、まつりの森などの割引入場券を置いている。
8時30分〜18時30分（11〜3月は〜17時）
☎0577-32-5328

高山濃飛バスセンター

定期観光バスの予約や、高山〜新宿、大阪、名古屋への高速バスの座席予約、信州・飛騨の里セット券などを販売している。
6時〜18時
☎0577-32-1688

片野町二丁目

片野町五丁目
片野町三丁目

C
D

卍広入寺

飛騨小坂へ

小坂へ

片野町六丁目

⛩日枝神社 P.112
☗片野町六

山王橋

片野町四丁目

卍誓願寺

片野町六丁目

山王

☗山王小

小金橋

日枝中

烏帽子橋

☗日枝神社前

森下町

石浦町

和合橋

昭和橋
千島町

☗ホテルアルファーワン高山バイパス

飛騨の家具館

卍飯山寺

天満神社前

名田町一・二

宮川

高山本線

卍霊泉寺

飛騨産業

飛騨・世界生活文化センター

飛騨コンベンションホール
ふれあい広場
岐阜県ミュージアム
ひだ

☗花里小

高山丁高

卍霊泉寺

飛騨芸術堂

食遊館

工高前

世界生活文化センター

千島町

⛩千島白山神社

千島町北

茶の湯の森

手島橋
白山橋

高山祭りミュージアム

松倉口橋
☗ピュア高山前

飛騨高山茶の湯の森
リスと遊べる森・ちょうの館

G

松泰寺橋

飛騨高山まつりの森

ピュア高山

まつりの森

☗西之一色町3南

片桐橋

バロー

西之一色町3

弥右ェ門橋

飛騨東照宮下

西之一色町

ホテルアソシア

越後橋

民宿長五郎 P.116

P.116 ホテルアソシア高山リゾート

⛩東照宮

天望の湯

岳資料館
野首家・郷倉

越後町

文学散歩道

松倉山

飛騨高山テディベアエコビレッジ P.112
旅館むら山 P.116

J

飛騨民俗村 P.112

一位一刀彫会館
飛騨開運乃森大七福神
世界アンティック木の国館

K

田中家
田口家

飛騨の里

飛騨の里 P.112

極楽寺

思い出体験館
杣金(郷土料理)

車田

受付

吉真家

卍憲法寺

松倉町

松倉山
⛩松倉城跡
▲857

匠の森

105

飛騨びとの誇りと心意気

高山祭を見に行こう

京都の祇園祭、埼玉の秩父夜祭と並び、日本三大曳山祭のひとつに数えられる高山祭。近年ユネスコの無形文化遺産にもなった。贅を尽くした祭屋台を中心に繰り広げられる、京の雅と江戸の粋を今に伝える、高山伝統の祭だ。

　毎年春と秋に開催される高山祭。春は上町にある日枝神社の例祭「山王祭」、秋は下町の櫻山八幡宮の例祭「八幡祭」だ。

　祭を語る上で欠かせないのが「動く陽明門」と称される祭屋台。春は12台、秋は11台の祭屋台がある。祭屋台が登場したのは江戸時代・享保年間といわれているが、現在のようなきらびやかなものになったのは江戸時代・文化文政時代。高度な技術で作られた美しい幕や彫刻、金具、精巧なからくり人形など、贅を尽くした装飾には、全国に名を知られた「飛騨の匠」の技が随所に見られる。屋台が一堂に会する屋台曳き揃えは圧巻。匠の技を間近で眺めたい。伝統の衣装を身に着けた人々がお囃子や獅子舞に先導されて町を練り歩く御巡幸・御神幸（祭行列）も見ごたえがある。

　祭のスケジュールや御巡幸・御神幸のルートなどは、年によって若干時間帯や場所が異なる。事前に、高山市観光情報のサイトで確認をしておくとよい。駅や観光案内所で配布するパンフレットも参考になる。また、雨天の場合は屋台行事（屋台曳き揃え、祭行列など）はすべて中止となる。

山王祭：4月14〜15日　　八幡祭：10月9〜10日
☎0577-35-3145（高山市観光課）

高山祭のスケジュール（2018年の例）

山王祭（春）

	時刻	4月15日
4月14日		
	8時	
	9時	屋台曳き揃え （9:30〜16:00）
屋台曳き揃え （9:30〜16:00）	10時	からくり奉納 （10:00〜）
からくり奉納（お旅所） （11:00〜）	11時	
	12時	
御巡幸（祭行列） （13:00〜）	13時	祭行列 （12:30〜）
からくり奉納（お旅所） （14:30〜）	14時	からくり奉納 （14:00〜）
	15時	
	16時	
	17時	
	18時	
夜祭（神明町出発） （18:30〜）	19時	
	20時	

八幡祭（秋）

10月9日	時刻	10月10日
	8時	御神幸（祭行列） （8:30〜）
屋台曳き揃え （9:00〜16:00）	9時	屋台曳き揃え（表参道） （9:00〜12:00）
	10時	
からくり奉納 （12:00〜）	11時	からくり奉納 （11:00〜） 屋台曳き揃え （12:00〜16:00）
御神幸（祭行列） （13:00〜） 屋台曳き廻し （13:30〜） からくり奉納 （14:00〜）	12時	からくり奉納 （13:00〜） 御神幸（祭行列） （13:30〜）
宵祭（表参道出発） （18:00〜21:00）	18時	

●**屋台曳き揃え**
　すべての屋台が勢揃い。きらびやかな屋台がずらりと並んだ様子は壮観だ。できれば間近で屋台を眺めたい。

●**御巡幸・御神幸（祭行列）**
　神輿を中心に、獅子舞や闘鶏楽、裃姿の警固など数百人の大行列が町をめぐる。参列する氏子たちの昔ながらの衣装も必見だ。

●**屋台曳き廻し**
　秋の高山祭だけで行われる。神楽台、鳳凰台など4台の屋台が町を巡り、動く屋台の美しさを見ることができる。

●**からくり奉納**
　からくり人形のある屋台は、春が3台、秋は1台。何本もの糸で操作され、生きているような人形の動きを見られる。

●**夜祭・宵祭**
　100個もの提灯を灯した各屋台が町をゆっくりとめぐり、最後は曳き別れ歌「高い山」を歌いながら各屋台蔵に帰っていく。

高山祭屋台会館
たかやままつりやたいかいかん

地図 p.108-A
高山駅から🚶25分

　秋の高山祭の祭屋台11台を、4カ月交替で入替え展示をしていて、巫女さんの案内で屋台の見学ができる。祭のときにはゆっくり見ることができない彫刻や織物、金具などをじっくり見て匠の技に触れたい。祭の様子を映像で見学できるコーナーもある。秋の高山祭のときは休館。

☎0577-32-5100
🕐9:00〜17:00（12〜2月は9:00〜16:30）
🈺秋の高山祭時　¥1000円（桜山日光館と共通）
🅿50台

てくさんぽ

さんまち

さんまち

一、二、三之町からなる「さんまち」は、江戸時代に豪商が店を構えた一角。なかでも上三之町は緩やかな屋根勾配の商家や造り酒屋が軒を連ね、古い町並みが今も残る。

---

04 酒四合瓶 1525 円〜

原田酒造場
はらだしゅぞうじょう

老舗の造り酒屋で、銘酒「山車」の醸造元。約20種類の酒をここで醸造・販売しており、店内では試飲もできる(有料)。

☎ 0577-32-0120
🕘 9:00〜18:00
休 無休

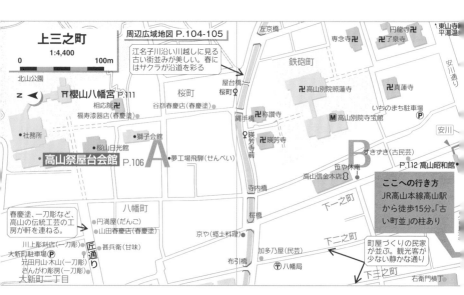

上三之町

1:4,400

0 ─── 100m

周辺広域地図 P.104-105

江名子川沿い川越しに見る古い街並みが美しい。春にはサクラが沿道を彩る

北山公園

櫻山八幡宮 P.111

相応院卍

福寿漆器店(春慶塗)

社務所

桜山日光館

獅子会館

高山祭屋台会館 P.106 **A**

夢工場飛騨(せんべい)

春慶塗、一刀彫など、高山の伝統工芸の工房が軒を連ねる。

円満屋(だんご)

山田春慶店(春慶塗)

川上彫刻店(一刀彫)

大新町駐車場Ⓟ

苑月山ノ木山(一刀彫)

ぜんがわ彫店(一刀彫)

大新町二丁目

甚兵衛(甘味)

京や(郷土料理)

布引橋

谷越春慶店(春慶塗)

綱手橋

暎芳寺前

暎芳寺卍

寺内橋

高山信金本店前

桜橋

加多乃屋(民芸)

〒八幡局

左京橋

専念寺卍

高山別院照蓮寺卍

称讃寺卍

高山別院寺宝館Ⓜ

鉄砲町

了泉寺卍

円龍寺卍

真蓮寺卍

東山寺平湯温

安川通り

いちのまち駐車場

安川

ずきずき(古民芸)

笹や休庵

P.112 高山昭和館

B

ここへの行き方
JR高山本線高山駅から徒歩15分。「古い町並」の柱あり

町屋づくりの民家が並ぶ。観光客が少ない静かな通り

下一之町

下二之町

下三之町

右衛門横丁

---

01 チョイスソフト 400 円

咲くやこの花
さくやこのはな

個性豊かなオリジナル雑貨小物を販売。ソフトクリームにフルーツやナッツを混ぜるチョイスソフトも味わえる。

☎ 0577-37-7733 / 🕘
10:00〜16:00 / 休 無休
(ソフトは冬期販売休止)

---

02 飛騨牛にぎり三種盛り 1000 円

こって牛
こってうし

飛騨牛のなかでも、いちぼやくらしたなど希少部位を使った握りを3つの風味で味わえる。

☎ 0577-37-7733 / 🕘
10:00〜17:00(冬期9:30〜) / 休 無休

---

03 抹茶ぜんざい 850 円

茶房大野屋
さぼうおおのや

高山の古い町家を利用した甘味喫茶。自家製法の抹茶ぜんざいや白玉ぜんざいが名物。

☎ 0577-33-9627
🕘 9:00〜16:00
休 不定

---

05 見学 30 分

高山市政記念館
たかやましせいきねんかん

高山の市政に関する記録を展示。明治28年に高山町役場として造られた

建物は名工・坂下甚吉の建築だ。

☎ 0577-32-0406
🕐 8:30～17:00
🈺 無休／🈯 入館無料

06 草饅頭 120 円

とらや老舗
とらやろうほ

栗羊羹、金つば、苺大福などが並ぶ和菓子店。人気はヨモギが香る草饅頭で、餡はつぶあん。

☎ 0577-32-0050
🕐 8:30～17:00
🈺 不定休

08 飛騨高山まちの博物館 M

古美術や古民芸の店が点在する、通称「骨董屋通り」

GOAL

酒造所が多い。優れた町屋づくりの建築が集まる通り

06 とらや老舗

⌚ 徒歩2分

高山市文化伝承館●

H 宝生閣 P.116

料理旅館山貴

平瀬酒造店
まちの博物館前
ギャラリー遊朴館
民芸田舎(古民芸)
上一之町
〒 上一之町局
さんまち通り
みたか駐車場
P 神明駐車場
古民芸 倉坪
● NTT高山支店
高山パークシティホテル P
市政記念館 ♀
神明町三丁目

手打ちそば恵比寿 P.114
川尻酒造場
NTT
第一ビル
R 坂口屋 P.114
びーちくぱーく
3分
高山市政記念館 05
神明町四丁目
洲さき P.114

岐阜焼紫元
芳国舎上二之町
二木酒造
ますや(みそ)
舟坂酒造店

平田酒造場
藍花
茶乃芽 R
古漆堂
真工芸専門店
住真商店

START
P.115
福田屋 S
じゅげむ(みやげ)
八人車のりば R
茶房大野屋 03
大のや醸造 P.115
3分
原田酒造場 04
中橋(赤い欄間の橋)
P 中橋駐車場

三川屋本店
うさぎ舎
こって牛 02
咲くやこの花 01
S 飛騨さしこ本舗
P.116
P.115 津田彫刻
本陣平野屋別館 P.116
飛騨信相
中橋公園
陣屋前
川原町

H 河渡旅館 P.116
M 古い町並美術館・山下清原画展 P.111
茂橋
飛騨国分寺・高山駅へ
高山駅へ
高山駅へ
本町一丁目

07 湯呑み茶碗 9900 円～

芳国舎
ほうこくしゃ

江戸時代末期に始められた渋草焼の窯元直営店。飛騨九谷とも呼ばれる美しい色彩が特徴だ。

☎ 0577-34-0504／🕐 10:00～17:30／🈺 不定(臨時休あり)

08 見学 30 分

飛騨高山まちの博物館
ひだたかやままちのはくぶつかん

江戸時代の豪商の土蔵を活用し、高山祭や伝統工芸など、高山の歴史や文化をテーマ別に展示。

☎ 0577-32-1205／🕐 9:00～19:00（庭園は7:00～21:00）／🈺 無休（臨時休あり）／🈯 入館無料

回る順のヒント

HINT

上三之町は日中は人が多く、静かな町並みを見るなら夕方17時以降がおすすめ。安川通りから南に向かって歩くと町並みが引き立つ。

飛騨国分寺
ひだこくぶんじ

地図 p.104切図
高山駅から🚶5分

今から1200年前に、聖武天皇が国の平安を願って建立した寺のひとつ。樹齢1250年を超える天然記念物の大イチョウと三重の塔が、堂々たる姿でそびえている。この三重の塔は、建立された当初は七重大塔だったが、火災にあったり風で倒れたりして、現在のものは150年前、大風で吹き倒されたあとに再建されたもの。にぎわいのある国分寺通り周辺にあって、静けさをたたえたオアシスのような場所だ。

♪ 0577-32-1395
🕐 9:00〜16:00　🈺 12/1〜1/1
💰 宝物拝観300円　🅿 10台

匠館
たくみかん

地図 p104-B
高山駅から🚶13分

飛騨の木工や匠の技をコンセプトにした複合施設。クラフトショップや飛騨家具のショールームがある。1階には高山のクラフト雑貨やみやげ物をあつかうショップとカフェがあり、観光客には便利。3階にはイタリアレストランが入っている（休業中）。

すぐ近くが宮川の朝市とあって、散策がてらに訪れてみては。

♪ 0577-36-2511　🕐 8:00〜17:00　🈺 11月中旬〜3月中旬の火曜　🅿 なし

高山陣屋
たかやまじんや

地図 p.104切図
高山駅から🚶10分

江戸時代、幕府の直轄地（天領）であった高山。江戸から派遣された代官が政治をつかさどっていたのが陣屋だ。明治以降も、県庁、郡役所、支庁など地方の役所として長い間利用されていた。御役所、御用場、大広間、吟味所など、ほぼ完全な形で保存され、国の史跡。年貢米を貯蔵した米蔵も昔のまま残され、内部は江戸時代の歴史を物語る資料を展示。大規模な農民一揆で打ち首になっ

た農民が妻に送った遺言状など、興味深い資料も多い。

♪ 0577-32-0643
🕐 8:45〜17:00
　（11月〜2月は〜16:30）
🈺 12月29日、31日、1月1日　💰 440円
🅿 近隣にあり

POINT　てくナビ／本町通りは車もあまり通らず静かな町歩きが楽しめる穴場。絵馬市で知られる山桜神社などの名所もある。

古い町並美術館・山下清原画展
ふるいまちなみびじゅつかん・やましたきよしげんがてん

地図 p.109-C
高山駅から🚶10分

下三之町、安川商店街にある小さな美術館。「裸の大将」で知られる放浪の天才画家・山下清の貼り絵や記録写真を展示する。原画作品を約150点常設しており、純真無垢な画伯の世界に癒される空間だ。図録やポス

トカードも
販売。山下
清と同じ服
装で撮影で
きるスポッ
トもある。

☎ 0577-36-3124　⏰ 平日11:00〜16:00（15:40最終入館）土日曜・祝日11:00〜17:00（16:40最終入館）　⊗ 火・水曜　¥ 800円　Ｐ なし

日下部民藝館
くさかべみんげいかん

地図 p.104-A
高山駅から 🥾16分

　江戸時代に両替商だった豪商、日下部家の家屋で、建物は1879（明治12）年に再建されたもので国の重要文化財。飛騨の匠の技術を尽くした建造物だ。豪壮に組み上げられた、黒光りした柱が印象的。母屋の一部

と奥の蔵が
展示室にな
っており、
生活調度品
などを展示
している。

☎ 0577-32-0072　⏰ 10:00〜16:00
⊗ 火曜（祝日の場合は翌日）
¥ 500円　Ｐ なし

> POINT
> てくナビ／宮前橋から櫻山八幡宮に向かう通りは通称「匠通り」と呼ばれ、一位一刀彫や飛騨春慶塗の店などが多く並ぶ。店頭で実演販売をしている店も点在する。

吉島家住宅
よしじまけじゅうたく

地図 p.104-A
高山駅から 🥾17分

　1907（明
治40）年に
建築された
住宅で、国
の重要文化
財。大黒柱

を中心に縦横の柱（梁と束）によって構成される吹き抜けは、高窓からの光線を巧みに取り入れており、内部を美しく見せている。建物のすみずみに気を配った繊細な造りで、女性的で巧緻な造りと表現されている。

☎ 0577-32-0038
⏰ 9:00〜17:00（12〜2月は〜15:00）
⊗ 火〜木曜　¥ 500円　Ｐ なし

櫻山八幡宮
さくらやまはちまんぐう

地図 p.104-A
高山駅から 🥾20分

応神天皇
をまつる、
1000年も
の歴史を持
つ由緒ある
神社で、こ

の例祭が毎年10月9、10日に行なわれる秋の高山祭。社殿は1976（昭和51）年に、総檜の流れ造りに改築されたもの。また、神社の裏山一帯は高山市街の展望がすばらしい。

☎ 0577-32-0240
⏰ 拝観自由　Ｐ 50台

TEKU TEKU COLUMN

朝市に行こう

　高山を訪れたら、必ず足を運びたいのが朝市。毎朝だいたい7時から昼くらいまで、陣屋前と宮川川畔で開かれている。春から秋にかけては80軒近い露店が、とれたての野菜、果物など旬のものや、漬物、さるぼぼなど手作りの民芸品などを並べている。もんぺ姿にほっかむり姿のかかさ、ばばさとの人情味あふれるやりとりも楽しみのひとつ。

陣屋前朝市…地図p.104切図
宮川朝市…地図p.104-A、B
☎ 0577-35-3145（高山市観光課）

日枝神社
ひえじんじゃ

地図p.105-C／高山駅からまちなみバス左回り4分
♀天満神社前から🚶15分、または高山駅から🚶25分

城山公園の南に位置し、1141（永治元）年、創建という歴史ある神社。春の例祭（山王祭）は、秋の櫻山八幡宮の例祭とともに高山祭として知られている。2016年に公開された新海誠監督のアニメーション映画「君の名は。」の主人公の三葉が巫女をする宮水神社のモデルとされている。

　📞 0577-32-0520
　🕐 9:00～16:00

高山昭和館
たかやましょうわかん

地図p.108-B
高山駅から🚶15分

昭和の店舗や民家、学校の教室などの風景を再現した、昭和のテーマパーク。レトロな入口をくぐれば、戦後から昭和30年代までの町並みが広がり、昭和の香りあふれる展示品の数々に心が和む。昔懐かしい駄菓子やおもちゃも販売している。

　📞 0577-33-7836
　🕐 10:00～17:00　🈺 無休
　💰 1000円　🅿 なし

POINT てくナビ／古い町並みといえば上三之町が有名だが、一・二之町もすぐれた町家造りの民家や商家、酒造家屋が多く残っていて、見応えがある。

飛騨民俗村・飛騨の里
ひだみんぞくむら ひだのさと

地図p.104-I・p.105-J／高山駅からさるぼぼバス10分、♀飛騨の里から🚶1分

飛騨の里は、約4万坪の敷地に、合掌造りなど飛騨各地から特色のある民家を集め、この地方の昔ながらの農山村風景を再現している。各民家には飛騨のソリや、江戸時代の農機具などを展示。昔の山村の暮らしで活躍したさまざまな道具を展示し、飛騨の伝統的な生活と文化を紹介している。また、日替わりでわら細工や飛騨刺し子など山村で使われてきた民具作りの実演をしており、体験もできる。

　📞 0577-34-4711　🕐 8:30～17:00
　🈺 無休　💰 700円　🅿 280台（有料）

POINT てくナビ／旧野首家や山岳資料館から飛騨の里へ向かう「飛騨の里文学散歩道」。山麓の自然を楽しみつつ、飛騨ゆかりの文学者たちの碑を探して歩こう。

飛騨高山テディベアエコビレッジ
ひだたかやまてでぃべあえこびれっじ

地図p.105-J／高山駅からさるぼぼバス10分、♀飛騨の里下から🚶1分

世界中で愛されているテディベア専門のミュージアム。築180

年の合掌造りの古民家を移築改装した館内に入ると、歴史ある貴重なベアや、国内外の人気アーティストの作品など、1000体もの愛らしいテディベアに会える。ミュージアムの隣にはカフェとショップもある。

　📞 0577-37-2525　🕐 11:00～17:00（最終入館16:00、土・日曜・祝日10:00～）
　🈺 水曜　💰 600円

買う＆食べる

焼きそば

ちとせ

地図 p.104 切図
高山駅から🚶3分

　オレンジ色のレトロな看板が目印。中華そばのほか、焼きそばは肉入り、玉子入りなど、その種類は 20 以上。焼きそば（並）は 480 円と安さも魅力だ。

📞 0577-32-1056
🕐 11:00〜14:50LO、
　 17:00〜19:20LO、
　 祝日は通し営業
🈳 火曜　💴 予算 480 円〜
🅿 17 台

和食

萬代角店

ばんだいかどみせ

地図 p.104 切図
高山駅から🚶7分

　日本料理で知られる「萬代」の支店。本店の洗練された味覚はそのままに、手軽に郷土料理が味わえる。精進篭盛膳（2530 円）や飛騨牛朴葉味噌定食（2530 円〜）が人気。

📞 0577-33-5166
🕐 11:00〜13:30LO、
　 17:00〜19:30LO
🈳 水曜（祝日の場合は営業）
💴 予算 1500 円〜　🅿 7 台

和食

寿々や

すずや

地図 p.104 切図
高山駅から🚶7分

　落ち着いた雰囲気の郷土料理の店。自家製味噌に牛肉や野菜を乗せて焼く朴葉焼（1550 円）や山菜味噌鍋（1680 円）が人気だ。

📞 0577-32-2484
🕐 11:00〜14:00LO、
　 17:00〜20:00LO
🈳 火曜（不定）
💴 予算 1500 円〜　🅿 5 台

和食

飛騨牛 まんぷく亭

ひだぎゅうまんぷくてい

地図 p.104 切図
高山駅から🚶10分

　多彩な飛騨牛料理がリーズナブルに味わえる、カジュアルな食事処。定食のご飯や味噌汁はおかわり自由。アツアツの鉄板で供される飛騨牛ステーキセット 4000 円や、飛騨牛づくし 2800 円が人気。

📞 080-1624-9930
🕐 8:00〜20:30　🈳 無休
💴 予算 650 円〜　🅿 提携あり

寿司

松喜すし

まつきすし

地図 p.104 切図
高山駅から🚶7分

　富山、金沢から毎日直送される天然ものの魚介類が味わえる。人気のおまかせ握り（4400 円）は味はもちろんボリュームもたっぷり。ランチタイムはセットメニューで。飛騨牛ステーキのセットもある。

📞 0577-34-4766
🕐 11:30〜14:00、
　 17:30〜23:00
🈳 不定　💴 昼の予算 1500 円〜
🅿 14 台

和食

キッチン飛騨

きっちんひだ

地図 p.104 切図
高山駅から🚶10分

　飛騨の高原牧場で飼育された飛騨牛は、ほどよい霜降り、ジューシーな味わいだ。うまみを逃がさないように焼いたステーキは、とろけそう。目の前で焼いてくれるパフォーマンスも楽しみのひとつだ。グレードや量を自由に決められるオーダーカットシステムの

ほか、ランチ限定のグリルカットステーキ(3300円)もある。

- ♪ 0577-36-2911
- ⏰ 11:30〜15:30(14:45LO)、17:00〜20:30(19:45LO)
- 🈺 水曜(祝日の場合は営業)
- 💰 A5サーロインステーキ150g 7260円　🅿 15台

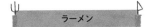

ラーメン
やよいそば

地図p.104-A
高山駅から🚶12分

飛騨中華・高山ラーメンの人気店のひとつ。中細のちぢれ麺を使ったラーメンで、地鶏と玉ねぎ、野菜でだしをとったスープは、あっさりとした味の中にもコクがあり、麺との相性もよい。焼豚も口の中でとろける絶妙な味わいだ。

- ♪ 0577-32-2088
- ⏰ 11:00〜15:00
- 🈺 火曜　💰 中華そば並800円〜
- 🅿 3台

カフェ
茶乃芽
ちゃのめ

地図p.109-C
高山駅から🚶15分

上三之町の古い町並みに建つ和カフェ。上質な豆を高級マシンでいれるコーヒーなど、本物にこだわったドリンクやスイーツが人気。京都の茶園から取り寄せた抹茶を

生乳のソフトクリームにブレンドした最高級本抹茶ソフト(500円)も美味。

- ♪ 0577-35-7373
- ⏰ 9:30〜16:30
- 🈺 無休　🅿 なし

料亭
洲さき
すさき

地図p.109-D
高山駅から🚶15分

宗和流茶道の祖、金森宗和が生み出した宗和流本膳料理を伝承する老舗。本来、三汁二十菜からなる本膳料理を、十数品に絞った「宗和流本膳崩」が味わえる。伝統の調理法で作られた料理が、高山伝統の陶磁器を使った皿で供される。

- ♪ 0577-32-0023
- ⏰ 11:30〜14:00、17:00〜最終入店19:00
- 🈺 不定
- 💰 宗和流本膳崩1万5730円〜
- 🅿 6台

和食
坂口屋
さかぐちや

地図p.109-C
高山駅から🚶10分

古い町並みにある郷土料理

の店で、店の前にあるからくり人形が目印だ。飛騨そばや飛騨牛など郷土色豊かな料理が味わえる。飛騨牛の自家製ローストビーフを使ったうっしし丼2100文(円)など、オリジナルメニューも。

- ♪ 0577-32-0244
- ⏰ 10:30〜15:00(14:30LO)
- 🈺 火曜　💰 予算900文(円)〜
- 🅿 なし

そば
手打ちそば恵比寿
てうちそばえびす

地図p.109-C
高山駅から🚶15分

高山はそばの栽培に適した気候風土のうえ、水も良質なことから、手打ちそばの店が多い。上二之町にある手打ちそば恵比寿は、1898(明治31)年創業、高山でも老舗のそば処。風味豊かでコシのあるそばは、のどごしがよい。そばの味わいを楽しむならざるそば980円がおすすめ。

- ♪ 0577-32-0209
- ⏰ 10:00〜15:00(14:45LO)
- 🈺 火曜(祝日の場合は翌日)
- 💰 予算980円〜　🅿 3台

駄菓子
音羽屋
おとわや

地図 p.104切図
高山駅から🚶8分

　築100年以上の建物を使った老舗らしい雰囲気の菓子屋で、甘々棒や豆板など、素朴な味わいの飛騨の駄菓子が揃っている。袋菓子が540円～、詰め合わせもある。上品な味わいの半生菓子、飛騨のかたりべ（756円～）も人気。

📞 0577-33-4636
🕐 10:00～17:30
🈺 水曜
🅿 なし

みそ
大のや醸造
おおのやじょうぞう

地図 p.109-C
高山駅から🚶10分

　江戸時代から続く、老舗の味噌醸造元で、大豆、米麹、麦麹などを使い、天然醸造で作られた、添加物をいっさい使用していない味噌は、こくがあり味わい深い。糀味噌、赤味噌の2種類でいずれも1kg1080円。店内では味噌汁の試飲もできる。

📞 0577-32-0480
🕐 8:30～17:30
🈺 1月1日
🅿 なし

飛騨春慶塗
福田屋
ふくだや

地図 p.109-C
高山駅から🚶10分

　高山の伝統工芸、春慶塗の製品を扱う老舗。花器（2500円～）やなつめ（1万3000円～）など多少値段が張るものの、よい品物が揃う。

📞 0577-32-0065
🕐 9:00～17:30頃
🈺 無休
🅿 なし

だんご
陣屋だんご店
じんやだんごてん

地図 p.104切図
高山駅から🚶10分

　飛騨高山食べ歩きの名物はみたらしだんご。一般的な砂糖醤油のみたらしだんごと違って、甘くないのが特徴。醤油のみで香ばしく、米の甘さが引き立つ。高山陣屋のすぐ隣にある陣屋だんご店は、そんな飛騨高山のみたらしだんごの人気店だ。

📞 0577-34-913
🕐 8:30～16:30
🈺 第3火曜日　🈶 だんご1本90円　🅿 なし

一位一刀彫
津田彫刻
つだちょうこく

地図 p.104切図
高山駅から🚶10分

　1843（天保14）年に創業した、高山で最も歴史のある一位一刀彫の店。商品はすべて手作業で作られ、十二支などの置物からアクセサリーまで多様に揃う。店内では彫刻の実演も行っており、職人の熟練の技を間近で見ることができる。

📞 0577-32-2309
🕐 9:00～18:00
🈺 不定
🅿 近隣にあり

飛騨刺し子
飛騨さしこ本舗
ひださしこほんぽ

地図 p.109-C
高山駅から🚶10分

　刺し子は古くから伝わる伝統的な刺しゅうで、飛騨刺し子は布を大切にしつつおしゃれを楽しむ庶民の知恵。ふきんやポシェットなどの日用品や日傘など、豊富な商品がある。

📞 0577-34-5345
🕐 9:00～17:00
🈺 水曜　🅿 なし

宿泊ガイド

高山駅周辺・高山陣屋

本陣平野屋花兆庵（ほんじんひらの や か ちょうあん）
♪0577-34-1234／♀地図：p.104切図／¥2万8600円〜
●古い町並や高山陣屋に最も近い宿で、個室で味わう旬の味覚が人気。

旅館かみなか
♪0577-32-0451／♀地図：p.104切図／¥1泊2食付き1万5400円〜
●有形文化財の宿。季節の素材を生かした郷土料理でおもてなし。

旅館田邊（りょかん た なべ）
♪0577-32-0529／♀地図：p.104切図／¥1泊2食付き1万5400円〜
●見事な出格子のある純和風の宿。巨大な石を組んだ岩風呂と檜風呂が自慢。

スパホテルアルピナ飛騨高山
♪0577-33-0033／♀地図：p.104切図／¥Ⓢ5130円〜、Ⓣ6565円〜
●自家源泉の天然温泉と高山市街の眺望が楽しめる展望大浴場が自慢。

カントリーホテル高山
♪0577-35-3900／♀地図：p.104切図／¥Ⓢ5000円〜、Ⓣ7600円〜
●高山駅から徒歩1分、高山観光にも便利。連泊プランなどお得なプランも。

ひだホテルプラザ
♪0577-33-4600／♀地図：p.104切図／¥1泊2食付き1万4900円
●飛騨牛付きの和食会席プランが好評。

旅館あすなろ（りょかん）
♪0577-33-5551／♀地図：p.104切図／¥1泊2食付き1万2100円〜
●江戸時代の農家を復元した、白壁に出格子の建物が特徴的。

旅館清龍（りょかんせいりゅう）
♪0577-32-0448／♀地図：p.104切図／¥1泊2食付き1万2650円〜
●飛騨牛部屋食と、5種の湯めぐりが楽しめる。プランが豊富。

高山シティホテルフォーシーズン
♪0577-36-0088／♀地図：p.104-E／¥Ⓢ5900円〜、Ⓣ1万800円〜
●宮川朝市まで🚶3分、市内観光に絶好の立地。夜は温泉でゆったりと。

高山グリーンホテル
♪0577-33-5500／♀地図：p.104-F／¥1泊2食付き1万1550円〜
●高山駅からシャトルバスが運行。露天風呂など、多彩な温泉が楽しめる宿。

さんまち

河渡旅館（ごうどりょかん）
♪0577-33-0870／♀地図：p.109-C／¥素泊り6600円〜
●上三之町の中ほど、低い屋根に格子戸の素泊まり専門の小さな宿。全5室。

旅館寿美吉（りょかん す みよし）
♪0577-32-0228／♀地図：p.104-A／¥1泊2食付き1万1000円〜
●格子戸と白壁土蔵の建物が印象的。宮川朝市の開催場所まで歩いて1分。

本陣平野屋別館（ほんじんひらの や べっかん）
♪0577-34-1234／♀地図：p.109-D／¥1泊2食付き1万7600円〜
●飛騨牛をはじめとした10品ほどの会席料理をゆったり部屋食で。

民宿岩田館（みんしゅくいわた かん）
♪0577-33-4917／♀地図：p.104-A／¥1泊2食付き9240円〜
●飛騨高山温泉を引く温泉民宿。信楽焼とサワラ造りの露天風呂あり。

東山・城山

宝生閣（ほうしょうかく）
♪0577-34-0700／♀地図：p.109-D／¥1泊2食付き1万5950円〜
●城山公園入口。眺めが最高の露天風呂付き客室あり。夕食は京風懐石。

お宿山久（やまきゅう）
♪0577-32-3756／♀地図：p.104-B／¥1泊2食付き9900円〜
●東山遊歩道の法華寺からすぐ。夕食はボリューム満点の飛騨のかかさま料理。

高山郊外

飛騨亭花扇（ひ だ てい はなおうぎ）
♪0577-36-2000／♀地図：p.120-I／¥1泊2食付き2万900円〜
●神代杉や欅を使った純和風の和室。総檜造りの大浴場や岩組み露天風呂も。

花扇別邸いいやま（はなおうぎべってい）
♪0577-37-1616／♀地図：p.120-I／¥1泊2食付き2万1450円〜
●館内は大胆な木組みが重厚。肌がツルツルになると評判の源泉を持つ宿。

旅館むら山
♪0577-32-5856／♀地図：p.105-J／¥1泊2食付き1万2100円〜
●飛騨の里近く、合掌家屋を移築した和風温泉旅館。夕食は囲炉裏料理。

民宿長五郎（みんしゅくちょうごろう）
♪0577-32-2685／♀地図：p.105-J／¥1泊2食付き9300円〜
●巨岩露天風呂や神代檜風呂、豪華な大理石風呂などで温泉を満喫。

ホテルアソシア高山リゾート
♪0577-36-0001／♀地図：p.105-K／¥1泊2食付き1万4900円〜
●すべての客室からは北アルプスや高山市街を望む。

しらかわごう | 地図 p.120-E

白川郷

世界遺産 合掌造り集落へ

厳しい山国の自然のもと、合掌造り民家の集落が残り、そこで実際に生活が営まれている、国内6番目の世界文化遺産。見て、宿泊して、昔の暮らしぶりを知る、貴重な体験ができるのが魅力だ。

HINT 白川郷への行き方

高山濃飛バスセンターから濃飛バスで白川郷行きまたは金沢行き高速バスで50分、2600円。またはJR北陸新幹線高岡駅から加越能バス世界遺産バス線で白川郷バスターミナル（BT）まで2時間10分、1800円。名古屋からも高速バス（岐阜バス）があり、白川郷BTまで2時間51〜53分、4000円。

HINT まわる順のヒント

白川郷観光のメインとなる荻町合掌集落は、白川郷バスターミナルから徒歩圏内におもな見どころが集中している。総合案内所で観光マップを仕入れていくとよい。家屋内部の見学ができるのは和田家、神田家、長瀬家の3家屋。集落全体を見渡せる城山天守閣展望台にはぜひ足を運びたい。中心部は9:00〜16:00が車両は進入禁止。その場合、村営せせらぎ公園の駐車場を利用。

観光・交通の問い合わせ先

白川郷観光協会　📞05769-6-1013
濃飛バス予約センター　📞0577-32-1688

見る　歩く

野外博物館 合掌造り民家園

やがいはくぶつかん　がっしょうづくりみんかえん

地図p.119
♀白川郷バスターミナルから🚶15分

離村の加須良や馬狩地区から移築した建物を中心に、大小26棟の合掌造り家屋を保存・展示。水車小屋や神社なども復元されている。手打ちそばの食事処「そば道場」を併設するほか、わら細工やそば打ちの体験学習もできる（要予約）。

📞05769-6-1231　🕐8:40〜17:00（12〜2月は9:00〜16:00）　休12〜3月の木曜（祝日の場合は前日）　¥600円　P近隣にあり

どぶろく祭りの館

どぶろくまつりのやかた

地図p.119
♀白川郷バスターミナルから🚶12分

白川八幡宮の境内にある施設で、毎年10月に開催されるどぶろく祭りを人形や映像などで再現して紹介する。見学後はどぶろくの試飲もできる。

📞05769-6-1655　🕐9:00〜17:00
休10/13〜16、12〜3月　¥300円　Pなし

神田家

かんだけ

地図p.119
♀白川郷バスターミナルから🚶5分

江戸時代後期に石川県の宮大工によって、10年の歳月をかけて建造した合掌造

りの民家。1階の囲炉裏には絶えず火が入り、2、3階では酒造りや養蚕などの道具類を展示している。

☎05769-6-1072 ⏰10:00～16:00 休不定(12～2月は12/24～1/6、水曜休) ¥400円 Pなし

和田家
わだけ

地図p.119
♀白川郷バスターミナルから🚶3分

江戸時代には名主を務め、格式高い造りの合掌造り家屋。1995

年に国の重要文化財に指定された。築300年以上経つ家屋は、今なお和田家の人々が住居として使用している。

☎05769-6-1058 ⏰9:00～17:00
休不定 ¥400円 Pなし

長瀬家
ながせけ

地図p.119
♀白川郷バスターミナルから🚶6分

5階建ての合掌造り民家は、1890(明治23)年に建造された。初代から3代目までが医師だったため、江戸期の医療具が残されている。

☎05769-6-1047 ⏰9:00～17:00
休不定 ¥400円 Pなし

白川郷の湯
しらかわごうのゆ

地図p.119
♀白川郷バスターミナルから🚶2分

荻街合掌造り集落にある唯一の立ち寄り湯で、泉質はナトリウム塩化物温泉。大浴場、露天風呂、サウナを備え、食事処や宿泊施設

も併設していたが、2022年2月に火災が発生し、食事棟2階部分が全焼した。クラウドファンディングによって資金を募り、同年5月に再建工事を開始したが、復旧の日時は未定。

城山天守閣展望台
しろやまてんしゅかくてんぼうだい

地図p.119
和田家前から展望台行き🚌専用シャトルバスで5分

高台にある展望台で、合掌造り集落全体を見渡すことができて記念撮影にもぴったりの場所。新緑や紅葉、雪景色と四季折々に彩られた美しい風景は、まさに日本人の心のふるさとと呼びたくなる。

☎05769-6-1728(お食事処城山天守閣)
シャトルバス9:00～15:40、200円
⏰見学自由 P20台

TEKU TEKU COLUMN

白川郷の宿

多くの宿が合掌造り民家の民宿形態で、宿泊料金は1泊2食で8300～1万2000円、部屋数は4～6室といったところ。囲炉裏を囲んでの郷土料理の食事や主人の語り、民謡などの披露はい

い旅の思い出となる。
☎05769-6-1013
(白川郷観光協会)

買う＆食べる

郷土料理

いろり

地図 p.119
♀ 白川郷バスターミナルから🚶2分

囲炉裏のある合掌造りの食事処。おすすめは、白川郷名物の堅い豆腐を使った焼とうふ定食1580円。自家製のタレがしみこんだ豆腐をアツアツの鉄板焼きで味わう。

📞 05769-6-1737
🕙 10:00〜14:00
休 不定　Ⓟ せせらぎⓅ利用

そば

手打ちそば処 乃むら
てうちそばどころ　のむら

地図 p.119
♀ 白川郷バスターミナルから🚶8分

店内はカウンター席だけと

いう、こぢんまりとしたそば処。地元産のそば粉を使い、主人が手打ちした二八そばは香り高く、のどごしもいい。そば本来の風味が味わえる逸品だ。盛りそば950円。

📞 05769-6-1508
🕙 11:00〜15:00頃
　（そばがなくなり次第閉店）
休 不定
Ⓟ せせらぎⓅ利用

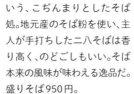

みやげ

こびき屋本店
こびきやほんてん

地図 p.119
♀ 白川郷バスターミナルから🚶3分

和田家の隣にある、合掌造りのお店。菓子、漬物、地酒、ご当地限定キャラクター商品、季節限定商品など、多様な商品が豊富に揃う。さるぼぼも、たくさんの種類の中から選べる。

📞 05769-6-1261
🕙 9:30〜16:30
休 不定　Ⓟ せせらぎⓅ利用

白川郷
1:11,200
0　　　　　　200m

🎵徒歩4分

高山

119

松本〜高山

1:270,000

0　　　　5km

N

越中沢岳 ▲2591

有峰林道

祐延貯水池

富山県
富山市

細入
富山へ

いのたに

白川郷 P.117 へ
飛騨古川へ

41

長棟川

薬師岳 ▲2926

高天原温泉

赤
2864

戊住峠

大多和峠

A

スーパーカミオカンデ

長峰峠

寺地山 ▲1996

飛越トンネル

北ノ俣岳 ▲2661

B

水晶岳（黒岳）2986

鷲羽岳 2924

黒部五郎岳 ▲2840

三俣蓮華岳 ▲2841

双六岳 ▲2860

飛騨市

天蓋山 ▲1527

金木戸川

スターシュプール
緑風リゾートひだ流葉

宙ドーム・神岡
神岡城

双六川

岐阜県

抜戸岳 ▲2813

笠ヶ岳 ▲2898

P.94 新穂高ロープウェイ

白川郷 P.117 へ
古川へ

471

E

20-21　P.89
新穂高温泉

2168▲ 錫杖岳

槍見温泉
中尾温泉

大雨見山 1336▲

国見山 ▲1318

高原川

P.88 **奥飛騨温泉郷**

P.97 道の駅奥飛騨温泉郷上宝

栃尾温泉 P.89

蒲田温泉

P.34 上高地

大坂峠

白川郷
P.117 へ
飛騨古川へ

荒城神社

トヤ峠

丹生川ダム

十二ヶ岳 ▲1327

P.89 **新平湯温泉**

P.89 **福地温泉**

乗鞍スカイラインは通年マイ
カー乗入禁止。高山方面から
乗鞍畳平へはここへクルマを
停めてバスを利用。

焼岳 2455▲

大正

P.51 中の湯温泉

千光寺

158

花扇別邸いいやま P.116

飛騨亭 花扇 P.116

高山市
たかやま

高山 P.102

高山陣屋 P.110

104-105

高山本線

荘川へ

ほずえ

小八賀川

飛騨大鍾乳洞 P.81

ほおのき平

飛騨ほおのき平スキー場

P.86 五色ヶ原

日影平山 1595

飛騨高山キャンプ場

飛騨高山スキー場

P.89

平湯温泉

平湯トンネル

平湯峠

北アルプス展望台

安房峠道路

安房峠

平湯温泉スキー場

平湯大滝 P.91

十石山 ▲2525

白骨温

361

ひだいちのみや

水無神社

41

大八賀川

美女高原キャンプ場

I

飛騨の里

乗鞍スカイライン

桔梗ヶ原

Mt.乗鞍
スノーリゾート

乗鞍エコーライン

乗鞍山頂

畳平 P.80

剣ヶ峰 3026

P.80

P.73 **一の瀬**

くぐの

ひだ朝日村

朝日ダム

子ノ原高原

秋神ダム

飛騨たかね工房

野麦峠

361

高根第一ダム

木曽福島へ

下呂へ

上高地・乗鞍で快適に過ごす
服装と装備

自然散策を楽しむ上高地・乗鞍の旅。気候に対応した服装やハイキングに適した装備でより快適に過ごすことができる。

●服装

上高地や乗鞍高原の標高は約1500m。気温は1000m上へ登るごとに6度下がると言われ、標高1500mであれば、平地より10度近く低い気温になる計算だ。つまり下界が30度の猛暑のときでも上高地は20度ほどの涼しさと考えられる。また、日中は暑くても朝晩はかなり冷え込む。夏でも薄手のダウンジャケットやフリースの上着などの防寒対策を考えておきたい。

自然散策を楽しむ場合は「動きやすい服装」であることが必要。汗をよく吸って乾きやすい素材のシャツがあればさらに快適だ。日除け、虫除けを考えると、極力肌をさらさないように、夏でも薄手の長袖シャツを身につけるようにしたい。夏は案外に日ざしが強いので、帽子で日除けをすることも大切。長時間散策を楽しむ場合は、少し厚みがあるウールのハイキング用の靴下を履くと、疲れにくいうえ足からの汗をよく吸い取ってくれる。

●靴

本書で紹介しているコースは基本的に平坦な散策路。とはいえでこぼことした土の道や丸太の階段、木道などを歩くこともある。土の道は雨が降ればぬかるんでしまうし、木道や岩は濡れると滑りやすくなる。長時間歩くことを前提にしていない革靴やサンダルはやめよう。登山靴、トレッキングシューズなど、歩きやすい靴を用意したい。もちろん散策で使う前によく履き慣らしておくことが必要だ。

●散策時の持ちもの

飲み物
上高地や乗鞍高原の散策路では、道の途中に自動販売機や売店がない。水分補給がいつでもできるよう、ペットボトルのお茶やスポーツドリンク、水筒が必要。

地図・ガイドブック
整備された散策路でも、地図は持ち歩こう。本書内の地図や、観光協会、ビジターセンターなどで配布しているハイキングマップなどが使いやすくて便利。

タオル・バンダナ
汗ふき用としてのほか、ちょっとした雨よけ、日除けにも使える。けがをしたときには包帯や三角巾替わりに、応急処置にも役に立つ。

折り畳み傘
たとえ晴れているときでも、山の天気は変わりやすいもの。必ず持ち歩くようにしよう。道幅の狭い散策路や木道などを歩くときは、すれ違うときに十分注意して。

おやつ（行動食）
歩いている途中でちょっとお腹がすいてきたときなどにエネルギーを補給する。チョコレートやアメなどの甘いものは疲れを取るのに最適。塩分補給に梅干しなども。

救急セット
転んだり、木の枝に引っかけてすり傷を作ったときなど、ちょっとしたケガに備える。絆創膏や消毒薬、普段飲んでいる内服薬などがあるとよい。

ビニール袋
ゴミを入れたり、汗や雨で濡れた衣類やタオルを入れたりと、幅広く使えるすぐれもの。スーパーでもらえるレジ袋を2〜3枚、小さく折り畳んで持っているとよい。

双眼鏡
鳥や動物の観察、遠くに見える山の眺めを楽しむのに、持っていると便利。高倍率の本格的なものもあるが、オペラグラスのような折りたたみ式のものが使いやすい。

服装と準備

●持ち物

　ウォーキングのとき、荷物の収納は手提げ袋ではなくリュックサックにしよう。両手があいているほうが歩いていても疲れない。リュックサックには飲み水や行動食（おやつ）、タオル、ウォーキングマップなどを入れていく。山の天気は変わりやすいので、晴れているときでも雨具は必須アイテム。折り畳み傘があれば十分だが、レインコートがあればさらによい。

雨具
雨や風が強く、傘だけでは雨を防ぎきれないときに重宝する。ジャケットとズボンが分かれているセパレートタイプの登山用の雨具は、防水性が高く通気性にすぐれたゴアテックスのような素材を使っているので、かなり快適だ。ウインドブレーカーがわりにも使え便利だ。

上高地・乗鞍・高山のおとくなきっぷ

上高地、乗鞍、高山エリアを運行するバスや電車を対象とした、様々なタイプの割引切符が現地で販売されている。旅程によっては普通に乗車券を買った方が割安になるケースもあるので、「割引」のネーミングにとらわれずに選びたい。

東京から上高地へ

上高地ゆうゆうきっぷ

高速バスと松本〜上高地の往復乗車券がセットになった割引切符で、ハイウェイバスドットコムの公式アプリで購入できる。個別に買うより割引率がかなり高いうえ、上高地の各施設で使える割引乗車券も付く。高速バスは予約指定制。松本〜上高地間は直通バス、電車・バス乗り継ぎのいずれも利用可能。

新宿版（アルピコ交通・京王バス）

❤料金…1万1500円　🕐有効期間…4/17〜4/28、5/8〜7/28、8/21〜11/15の7日間
ℹ️どれだけお得か…高速バスと松本〜上高地のバス往復を個別に買うより1840円安い。
●問い合わせ先
アルピコ交通 📞0263-26-7000
　　　　　　　http://www.alpico.co.jp/
ハイウェイバスドットコム
　　　　　　　https://www.highwaybus.com

松本・高山へ

JR特急の回数券と割引きっぷ

名古屋から松本、高山へ、特急列車に利用できる回数券。ここで紹介する指定席用のほか名古屋〜松本間には自由席用もある。JRの駅の窓口などで販売。いずれもゴールデンウィーク前後、8月中旬、年末年始などの繁忙期は利用できない。

※どんな旅行向き？…これらの回数券に、松本から上高地への往復割引切符や、各種フリーパスポート（p.125参照）などを、組み合わせると安上がりだ。

名古屋ー松本
指定席特急券回数券（しなの）

■利用できる出発地…名古屋市内のJR各駅
❤松本までの料金…3万2940円（6枚綴り）
ℹ️どれだけお得か…1枚分の値段は5490円、普通に買うより片道あたり450円安い。

名古屋ー高山
指定席特急回数券（ひだ）

■利用できる出発地…名古屋市内のJR各駅
❤高山までの料金…3万3900円（指定席用・6枚綴り）
ℹ️どれだけお得か…1枚分の値段は5650円、普通に買うよりも片道あたり290円安い。
※上記、回数券の有効期間はどれも3カ月。

新宿ー松本
えきねっととクだ値

■利用できる出発地…東京都内のJR各駅

JR東日本は特急の回数券を廃止したため、新宿−松本間を特急に乗車すると通常期指定席6220円。これを安くあげるには、下記の方法がある。いずれもJR東日本が提供する、インターネットの指定券予約サービス「えきねっと」の会員になることが必要。

ℹ️えきねっとチケットレスサービス…スマートフォンや携帯電話から予約をすることで、あずさ・かいじの特急券が100円引きに。
ℹ️えきねっととクだ値…えきねっとから予約する方法で、あずさ・かいじの料金が10%〜40%引きになるきっぷが枚数限定で発売。
ℹ️えきねっとお先にトクだ値…13日前までの申し込みでさらに割引され、25%〜40%引きになる列車がある。

●問い合わせ先
JR東日本お問い合わせセンター
📞050-2016-1600　https://www.jreast.co.jp
JR東海テレフォンセンター
📞050-3772-3910　https://jr-central.co.jp
JR西日本お客様センター
📞0570-00-2486　https://www.jr-odekake.net

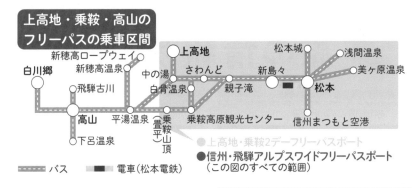

上高地・乗鞍・高山の
フリーパスの乗車区間

新穂高ロープウェイ　　　　　　　　　　松本城　　　　　　浅間温泉
白川郷　　新穂高温泉　　中の湯　　さわんど　新島々　　　　　　美ヶ原温泉
　　　飛騨古川　　白骨温泉　　親子滝　　　　　松本
　　高山　平湯温泉　　乗鞍高原観光センター　信州まつもと空港
　　下呂温泉　　乗鞍山頂畳平

===== バス　　■ 電車(松本電鉄)

● 上高地・乗鞍2デーフリーパスポート
● 信州・飛騨アルプスワイドフリーパスポート
（この図のすべての範囲）

現地で販売する

バスのフリー乗車券

上高地・乗鞍2デーフリーパスポート（アルピコ交通）

　松本～上高地～乗鞍などのバスが2日間乗り放題。松本BT、新島々BTで販売。
※どんな旅行向き？…松本から上高地を訪れ、宿泊は乗鞍高原、白骨温泉に。高山や奥飛騨に足を運ばない旅向け。
❤切符の料金…7500円（PlusONE9000円）
ⓘどれだけお得か…単に松本～上高地を往復するだけでは元は取れないが、松本～上高地～乗鞍高原とめぐって、松本へ戻る場合、個別に買うよりも270円安い。

信州・飛騨アルプスワイドフリーパスポート（アルピコ交通・濃飛バス）

　上図すべての区間が乗り放題。現地では松本BT、高山濃飛バスセンター、新島々BTなどで販売している。
※どんな旅行向き？…このエリアを広くめぐる旅行に。乗鞍山頂畳平へのバスや、松本～高山の特急バスにも利用できる。
❤切符の料金…1万1000円（12～3月は9000円）
新穂高ロープウェイ往復乗車券付はプラス2000円。　⏱有効期間…4日
ⓘどれだけお得か…松本から上高地を散策して、平湯温泉から新穂高温泉へ。さらに高山とまわり、高速バスで松本に戻るといったプランが、値段相当額の目安となる。

高山&新穂高2日フリー乗車券（濃飛バス）

　高山～平湯温泉～新穂高温泉間の濃飛バスが2日間乗り放題。4190円。高山濃飛バスセンターで発売。
ⓘどれだけお得か…高山～新穂高温泉間の往復運賃が4400円なので、単純に往復利用するだけでも210円安い。

奥飛騨温泉郷2日フリー乗車券（濃飛バス）

　平湯温泉～新穂高温泉間の濃飛バスが2日間乗り放題。1570円。平湯温泉BTで発売。
ⓘどれだけお得か…平湯温泉～新穂高温泉間の往復運賃が1820円なので、単純に往復利用するだけでも250円安い。

飛騨高山1日フリーきっぷ

　高山市内を運行する「さるぼぼバス」「まちなみバス」「匠バス」「のらマイカー」「たかね号」に1日乗り放題の乗車券。またこの1日フリー乗車券の提示で高山市内の主な観光施設を割引料金で利用できる。
ⓘどれだけお得か…郊外を回るさるぼぼバスと市内を回るまちなみバス・匠バスは、それぞれ1回100円。5回乗車でとんとんだが、観光施設が100円程度割引されるので、それが積もると大きい。

● 問い合わせ先
アルピコ交通 ☎0570-550-373
　　　　　　　http://www.alpico.co.jp
濃飛バス ☎0577-32-1688
　　　　　http://www.nouhibus.co.jp

旅のプランニング

上高地・乗鞍・高山
旅の情報サイト

上高地公式ウェブサイト
https://www.kamikochi.or.jp/

上高地観光アソシエーションが運営する、上高地の情報サイト。上高地の歴史や自然についての解説から宿泊施設・お店案内、アクセス情報など、上高地観光に必要な情報が網羅されている。

上高地ビジターセンター
https://www.kamikochi-vc.or.jp/

上高地で見られる動植物を図鑑形式で紹介するネイチャーライブラリー、散策コースの情報などのほか、ライブカメラで現在の上高地の風景を見ることもできる。最新情報はスタッフブログでもチェック。

新まつもと物語
https://visitmatsumoto.com

松本市公式観光情報ポータルサイト。紹介エリアは松本市内全域で、松本市街、上高地の情報もある。市民記者によるリアルな情報が特徴で、なかでも松本のグルメ情報、町歩き情報が詳しくておすすめ。

のりくら観光協会
https://norikura.gr.jp/

乗鞍高原観光協会の公式サイト。観光名所や宿泊施設、お店情報のほか、フォトライブラリーもある。リアルタイムな情報は、毎日更新される「のりくら～女将のとれたて情報」ブログから。

奥飛騨温泉郷
https://www.okuhida.or.jp/

奥飛騨温泉郷観光協会が運営するサイト。温泉、宿泊施設情報がとくにわかりやすく、温泉地、施設のタイプや料金などを入力して宿泊施設の検索ができるのがうれしい。

飛騨高山観光公式サイト
https://www.hidatakayama.or.jp/

飛騨・高山観光コンベンション協会が運営。高山市内、奥飛騨温泉郷、飛騨一ノ宮、乗鞍岳を望む丹生川など、本書の岐阜県エリアを幅広くカバー。特集記事やアクセスランキング、お知らせ・新着情報など盛りだくさん。モデルコースの紹介やパンフレットのダウンロードも役に立つ。

さくいん

さくいん

ブルーガイド

9

てくてく
歩き

本書の各種データは2023年2月現在のものです。新型コロナウイルス感染症対応で、寺社・各店舗・交通機関等の営業形態や対応が大きく変わっている可能性があります。必ず事前にご確認の上、ご利用くださいますようお願いいたします。

制作スタッフ

取材・執筆・編集	西野淑子　塩見有紀子 川崎久子　小池清文 株式会社実業之日本事業出版部 有限会社ワイ・ワン・ワイ 百武 充　木村友梨子 有限会社山岳観光社
編集協力	株式会社千秋社 舟橋新作 高砂雄吾（有限会社ハイフォン）
写真	藤沢健一　福村晃司 横山元昭　横山裕一 大谷雄次郎　百武 充 則直 泰　平山和充 和氣 淳　山本直洋 View Photos/a.collectionRF/ amanaimages（帯写真）
カバーデザイン	寄藤文平＋鈴木千佳子（文平銀座）
イラスト （カバー＋てくちゃん）	鈴木千佳子
本文デザイン設計	浜名信次（BEACH）
本文デザイン・ イラストマップ	工藤亜矢子　伊藤悠
本文イラスト	二橋愛次郎　内藤しなこ
地図制作	株式会社千秋社 株式会社ジェオ オゾングラフィックス
Special Thanks to	上高地観光アソシエーション 長野県観光協会東京観光情報センター 松本市アルプス観光協会 （財）自然公園財団　休暇村乗鞍高原 岐阜県東京事務所　関連市町村

ブルーガイド てくてく歩き 9
上高地・乗鞍・高山
（かみこうち・のりくら・たかやま）

2023年5月30日 第10版第1刷発行

編　集	ブルーガイド編集部
発行者	岩野裕一
印刷・製本所	大日本印刷株式会社
DTP	株式会社 千秋社
発行所	株式会社 実業之日本社 〒107-0062 東京都港区南青山5-4-30 emergence aoyama complex 3F
電話	編集・広告 03-6809-0473 販売 03-6809-0495 https://www.j-n.co.jp/

●実業之日本社のプライバシーポリシーは上記のサイトをご覧ください。
●本書の地図の作成に当たっては、国土地理院長の承認を得て、同院発行の50万分の1地方図、20万分の1地勢図、5万分の1地形図、2万5千分の1地形図及び1万分の1地形図を使用したものである。（承認番号 平12総使、第303号）
●本書の一部あるいは全部を無断で複写・複製（コピー、スキャン、デジタル化等）・転載することは、法律で定められた場合を除き、禁じられています。
また、購入者以外の第三者による本書のいかなる電子複製も一切認められておりません。
●落丁・乱丁（ページ順序の間違いや抜け落ち）の場合は、ご面倒でも購入された書店名を明記して、小社販売部あてにお送りください。
送料小社負担でお取り替えいたします。
ただし、古書店等で購入したものについてはお取り替えできません。
●定価はカバーに表示してあります。

©Jitsugyo no Nihon Sha, Ltd. 2023 Printed in Japan

ISBN978-4-408-05770-5（第二BG）